# 反アベノミクスという病

*Takahashi Yoichi*

髙橋洋一

[…]新書セレクト

[…]S-031

# はじめに

2022年7月8日に安倍晋三元総理が暗殺されてから、まだ1年も経っていない。しかし、安倍総理の功績の一つであるアベノミクスの否定論、見直し論、副作用論、さらには失敗論までが噴出している。朝日新聞を例に見てみよう。

朝日新聞は22年7月11日、安倍氏暗殺から3日後に、参院選の与党勝利を受けて「『聞くだけ』政治は許されない」との記事を政治部長名で掲載した。中でアベノミクスについてこう述べている。

「来春の日銀総裁人事に象徴されるアベノミクスの総括も国民に示さなければならない。経済財政政策、成長戦略をどう描き、具体的な施策を講じられるのか。『新しい資本主義』を掲げる首相に問われる」

また、同日の「岸田自民 足場固め 『黄金の3年』難題の改憲・経済」で次のように書いている。

「来年4月には、日本銀行の黒田東彦総裁が任期満了を迎える。安倍政権が進めたアベノミクスの柱の一つ『異次元の金融緩和』を担ってきたが、緩和に伴う円安は『悪い物価高』の一因と指摘されている。緩和路線を継続させるか、出口戦略を探り始めるのか、後任人事も大きな焦点となる」（朝日新聞）

12日も朝日は「アベノミクス 岐路 財政健全化 どう道筋 金融緩和 出口戦略は『黄金の3年』重い宿題」だ。

このような論調は朝日新聞だけではない。本書では「物価高」や「円安悪玉論」などを騒ぎ立てるメディアの無知を詳述したが、それはアベノミクス否定論と一体だ。岸田文雄政権になり、安倍元総理が不在になったことで半径2メートルしか見ることのできないメディアが「反アベノミクス」を煽っている。

では、アベノミクスは失敗なのだろうか。

私は本書で、アベノミクスは雇用60点、GDP（国内総生産）20点で、計80点と採点した。日本がデフレに陥った1995年以降の13政権中、安倍政権は、失業率減少・就業者増で1位、実質GDP成長率で8番目、インフレ率では1位（安倍政権以外はすべてマイナス）だ。

安倍政権は、雇用の確保に成功し、デフレ経済にあって唯一デフレ脱却しかけた政権だった。

これを失敗と呼ぶ人たちは、デフレ脱却を否定しているのだろうか。

「反アベノミクス」の背景にはマスコミの無知だけでなく、財務省（Z）の存在がある。安倍政権は唯一、財務省と闘った政権だった。

新型コロナウイルスの感染対策を見てみよう。

2020年、新型コロナのパンデミックが世界中を襲った。当時、新型コロナは得体の知れないものだったので、強烈な水際措置や行動制限が実施されたのはやむを得なかったといえる。感染症法上の位置付けについても「2類相当」とせざるを得なかった。こうした措置によって日本経済は落ち込んだ。

それでも2019年と20年を比較すると日本は失業率の上昇でG20諸国中、下から数えて5位であり、経済悪化も最小限だった。

日本が経済悪化を最小限におさえることができたのは、安倍晋三・菅義偉政権下の2020年度、3次にわたる補正予算で100兆円程度を注ぎ込んだからだ。これが感染対策になるとともに、結果として経済を下支えした。この100兆円は安倍元総理の言葉を借りると「政府・日銀の連合軍」によるものであり、増税なしで可能だった。

ところが今になって、巨額のコロナ対策は「子や孫に借金を回すことになる」との批判があるようだ。これに安倍元首相自身が『安倍晋三 回顧録』(中央公論新社)の中で次のように述べている。

「財務省の発信があまりにも強くて、多くの人が勘違いしていますが、様々なコロナ対策のために国債を発行しても、孫や子に借金を回しているわけではありません。日本銀行が国債を全部買い取っているのです。日本銀行は国の子会社のような存在ですから、問題ないのです。信用が高いことが条件ですけどね」

子や孫に借金は回らないのだ。

じつは筆者も一枚かんでいたこの仕組みを当時、発信しようとしたところ、安倍総理に待ったをかけられたことがある。「髙橋さんが出てくると財務省が興奮するから」ということだった。安倍総理自らが麻生太郎財務大臣に了承を得て、財務省に根回しするまで、おとなしくしてほしいという意味だろう。

安倍総理の政治主導のおかげでコロナ対策を理由にした増税はないということだ。ところが今、日本は「防衛増税」へと向かっている。安倍・菅政権は１００兆円で増税をしなかったのに、岸田政権は防衛費の１兆円で増税しようというのだから国民は納得できないだろう。

岸田政権の日銀総裁人事を受けて、メディアでは金融緩和の見直しや利上げを主張する論調がさらに増えてきている。「財政破綻」「国債暴落」「ハイパーインフレ」と煽る勢力もいる。実際に金融引き締めを行った場合、物価や雇用はどうなるのか。

この問題に答えるためには、マクロ経済学の基礎知識が必要だ。それは『安倍晋三回顧録』にも書かれている。少し長くなるが引用しよう。

「世界中どこの国も、中央銀行と政府は政策目標を一致させています。政策目標を一致させて、実体経済に働きかけないと意味がない。実体経済とは何か。最も重要なのは雇用です。２％の物価上昇率の目標は、インフレ・ターゲットと呼ばれましたが、最大の目的は雇用の改善です。マクロ経済学にフィリップス曲線というものがあります。英国の経済学者の提唱ですが、物価上昇率が高まると失業率が低下し、失業率が高まると、物価が下がっていく。完全雇用というのは、国によって違いはありますが、大体、完全失業率で2・5％以下です。完全雇用を達成していれば、物価上昇率が1％でも問題はなかったのです」

これはマクロ経済学の理解としては百点満点だ。かつて日本の首相でここまで理解した人はいない。

今の経済状況はフィリップス曲線のどの辺りに位置しているのか。失業率は見かけの数字は低いが、これは雇用調整助成金で抑え込んでいるからだ。実力ベースは2％台後半である。GDPデフレーター（名目GDPと実質GDPの比）で見るとインフレ率は1％程度だ。これを失業率2％前半、インフレ率2％超に持っていくには積極財政と金融緩和が必要になる。

逆に金融引き締めを行うと、インフレ率は下がり、失業率は高まる。どの程度なのかは財政政策にもよるので確たることは言い難いが、方向としてはそうだ。

本来なら岸田政権はアベノミクスを仕上げ、日本経済をデフレから脱却させなければばならないはずだが、どうやら増税・金融引き締めに向かっている。

本書ではその間違いを指摘した。

「反アベノミクス」の被害を直接受けるのは国民だ。コロナ対策で見たように日本経済復活はまさに政治力次第なのだ。安倍さんの不在は大きい。

髙橋洋一

２０２３年3月

# 反アベノミクスという病◎目次

本書は、夕刊フジで連載中のコラム「『日本』の解き方」を元に再構成し、加筆修正しました。肩書き、データなどは原則として紙面掲載当時のもの、末尾の日付は掲載日、本文の注は編集部によるものです。

装　丁　神長文夫＋柏田幸子
ＤＴＰ　荒川典久

# 第1章　反アベノミクスという病

## 黒田日銀総裁「政策変更」の裏側

これまでの岸田文雄政権の日銀人事を見ると、親財務省である。おそらく財務省が人事案を作り、それを岸田首相が了解しているのだろう。

そして、２０２２年12月の黒田東彦総裁体制での政策変更だ。これは事実上の利上げであるが、ここまでの政策変更を岸田首相が知らないはずはない。

一説によると、円安により物価高になっていることを官邸が気にしていたのに、黒田総裁は円安でいいと公言していたのを官邸がよく思わなかった。そこで黒田総裁が官邸の意向に沿って事実上の「利上げ」をしたという。官邸のマクロ経済観が誤っていたので、本来は正す必要がなかったのだが、官邸の意向に逆らわない元官僚らしい対応ともいえる。

実は黒田総裁は22年9月の会見で、今回とまったく違う話をしていた。元財務官僚として前言を翻すことを何とも思わないのだろうか。

岸田政権が、円安メリットとして、筆者が主張してきた外国為替資金特別会計（外為特会）の評価益を「埋蔵金」として使えることを嫌い、あえて円高にしたのではないかと邪推してしまうくらいだ。

それでも今の為替レートで30兆円程度の評価益があるので、円安での一番の受益者が日本政府であることは間違いない。

今回の「利上げ」により、長期国債金利は上がった。このため、それに連動する民間長期金利も住宅ローンを含めてすでに上がった。今のところ、短期国債金利は目立った変化がないため、短期金利に連動する変動金利住宅ローンにはまだ変化は出ていない。

これまでの岸田政権の日銀人事からの推測や22年12月の金融政策の変更から、リフレ派の排除、親財務省、旧日銀への回帰が見られる。

これらから、新たな日銀総裁が就任する23年4月以降、現在のインフレ目標やイールドカーブ・コントロール（長短金利操作）の見直しとともに、日銀が伝統的に影響させやすい短期金利も上昇する可能性がある。

実は、金融政策として重要なのは名目金利でなく、名目金利から予想インフレ率を引いた実質金利である。仮に、名目金利が引き上げられても、予想インフレ率がそれ以上に高くなれば、実質金利は下がるので、経済への打撃はないともいえる。

しかし、10年物価連動国債の流通利回りから見る限り、予想インフレ率はさほど変化しておらず、10年金利では名目も実質も上がっている。

これでは長期金利引き上げのまま、企業の設備投資に悪い影響を与えてしまう。その上、住宅ローンの変動金利まで上がると、個人消費にも影響が出るだろう。

10年に及ぶアベノミクスは金融政策が根幹だった。それは雇用確保という点で良い成果を出したが、今後は危うい。

「金融政策は雇用政策である」との基本的理解が岸田政権では欠けているようだ。今年の通常国会での日銀人事はその無理解を晒すことになるだろう。

（2023／01／08）

**トリクルダウンという俗説**

岸田文雄首相は2023年1月4日の年頭記者会見で、「この30年間、企業収益が伸びても期待されたほどに賃金は伸びず、想定されたトリクルダウンは起きなかった」として、「賃金が毎年伸びる構造をつくる」「物価上昇率を超える賃上げの実現をお願いしたい」と述べた。

岸田首相は「トリクルダウン」という気になる言葉を使った。これは、富める者が富めば、貧しい者にも自然に富がこぼれ落ち、経済全体が良くなることを意味しているが、こうした経済理論はなく俗説だ。実証分析でも、トリクルダウンはほとんど検証されていない。

経済政策を変更したとき、効果が出るまでには時間差がある。例えばアベノミクスでは、金融政策の変更により予想インフレ率の上昇があり、その結果、実質金利が下がる。これが設備投資や雇用に好影響をもたらすとともに、為替が円安に変化して純輸出を増加させる。

こうしたさまざまな波及経路で経済を刺激するが、株価上昇や為替の円安が先行する。経済全体の波及が見えない人は、株価上昇によって富裕層の所得が上がり、それが貧困層に回ってくるものだと勝手に思ってしまう。

アベノミクス批判をする人は、この誤解そのままで、アベノミクスはトリクルダウンに依拠していると批判する。一方、経済理論がわかっている人は、そもそもトリクルダウンなどという俗説はありえないので、この批判を相手にしない。

ノーベル経済学賞学者のポール・クルーグマン氏やベン・バーナンキ氏、ジョセフ・E・スティグリッツ氏らがアベノミクスの基本的枠組みを評価していることからわかるように、トリクルダウンなんて歯牙にも掛けない。しかし、経済理論に疎いマスコミや一部の論者はアベノミクスがトリクルダウンだと言い張ってきた。

岸田首相が年頭会見でトリクルダウンに言及したということは、その経済観やマクロ経済の理解は、アベノミクス批判をしてきたマスコミや一部論者と五十歩百歩ということになる。

物価上昇率を超える賃上げを実現するには、現存するGDPギャップ（総需要と総供給の差）を前提とすれば、追加財政政策と金融緩和政策を行い、GDPギャップを解消させた上で、若干の需要超過状態を維持することが必要だ。それが半年程度継続すると、失業率が下限となり賃金が上昇し始める。

こういうと、いまはインフレ率が４％近いのにさらにインフレを加速するので危険だという意見が出てくる。しかし、今のインフレは基本的には海外要因であり、インフレ率を示す指標として本来参照すべきＧＤＰデフレーター（名目ＧＤＰと実質ＧＤＰの比）はまだマイナスであることに留意すべきだ。

筆者は「失業率をインフレを加速させない程度の下限に維持する」というマクロ経済の原則を述べているにすぎない。しかし、それに至らずに、望ましい追加財政政策と金融緩和政策とは全く方向の違う「増税と利上げ」をする岸田政権は、まさに経済音痴だ。これでは期待できない。

（２０２３／01／11）

## 日銀「追加利上げ」見送り

日銀は２０２３年1月18日、黒田東彦総裁体制で最後になるとみられる「経済・物価情勢の展望（展望レポート）」を公表した。23年４月以降の新体制での金融政策によってどのような変化が出る可能性があるだろうか。

展望レポートでは「消費者物価の前年比は、現在、２％を上回って推移しているが、来年度半ばにかけて、２％を下回る水準までプラス幅を縮小していくと予想される。消費者物価の基調的な上昇率は、時間はかかるものの、マクロ的な需給ギャップの改善や、中長期的な予想物価上昇率や賃金上昇率の高まりなどを背景に、『物価安定の目標』に向けて徐々に高まっていくと考えられる」としている。

要するに、今の消費者物価指数は２％を超えているが、来年度半ばには２％を下回り、その後いずれ２％に盛り返すだろうという見方だ。

来年度半ば以降の話は、日銀の政策努力を示したものとみられるので、そのシナリオを考えてみたい。

今の消費者物価の上昇は、主に海外要因であるエネルギー価格と原材料価格の上昇によるものだ。これが価格転嫁できるかどうかは、国内需要が旺盛かどうかによる部分が大きい。

一部品目では転嫁する動きがあるが、それが功を奏するかは今後の景気動向に依存する。つまり、価格を上げたものの、需要がついてこれず、引き下げになる企業もあり得るというのが筆者の見方だ。

現状ではまだ相当のGDPギャップ（総需要と総供給の差）がある。全体としては需要不足なので、価格転嫁が全てでうまくいくとは思えない。その意味から、日銀のシナリオは、筆者のものと大差はない。

需要不足が予想されるのは、岸田文雄政権の「反アベノミクス」の立場が、22年末の「防衛増税」や、「日銀の事実上の利上げ」で明らかになったからだ。

黒田日銀は22年末、事実上の利上げを行い、岸田政権の意向に従った。市場関係者は、国債の償還期間と利回りを示すイールドカーブ（利回り曲線）で、10年物の利回りが落ち込んでいることを「ゆがみ」と称し、マクロ経済からの観点ではなく、金融業者の観点から、さらなる利上げを日銀に求めている。

黒田日銀ではイールドカーブ・コントロール（長短金利操作）を導入したこともあり、債券業者は開店休業状態だった。ここにきて、にわかに利上げを催促しているが、日銀は応える必要はない。23年1月17、18日の金融政策決定会合ではさらなる「利上げ」を踏みとどまり、現状維持とした。当てが外れた業者もいるだろうが、自業自得だ。

消費者物価の上昇が海外要因であること、本来のインフレ指標であるＧＤＰデフレーターがまだマイナスというマクロ環境を考えると、22年末の利上げもすべきでなく、今回も同様だ。

黒田日銀は、23年3月10日が最後の決定会合だ。よほどのことがない限り、現状維持とみられる。ただし、次の体制は、これまでの岸田政権の人事からみて利上げ志向だろう。マクロ経済重視から、金融業者寄りの金融政策に転じる可能性がある。

（２０２３／01／23）

### 日銀会合「37分間中断」の裏側

日銀が長期金利の上限引き上げを決めた2022年12月19、20日の金融政策決定会合の議事要旨が公表された。政府の出席者から会議の一時中断の申し出があったことや、「政策の趣旨について、対外的に丁寧に説明することが重要」との意見もあったことが記されている。政策変更の際にどのような力学が読み取れるか。

22年の日銀による事実上の利上げは、かなりのサプライズだった。もっとも、この大きなサプライズを岸田文雄首相ら官邸トップが知らなかったはずはない。ただし、政策決定会合に陪席していた財政省、内閣府の出席者（副大臣）は知らされていなかったのだろう。議事要旨には、「政府からの出席者から、会議の一時中断の申し出があった。議長はこれを承諾した（10時51分中断、11時28分再開）」と記されている。出席者はそれぞれ財務省と内閣府へ政策変更を伝えたが、官邸として承知済みなので、議案の議決延期の請求などを行うことはなかった。

内閣府の出席者から「丁寧な説明が必要」との発言があったのは、それだけサプライズだったからだろう。一方、財務省の出席者は年末の予算・税制の進捗（しんちょく）状況を説明するだけで、特に意見はなかった。というのは、財務省の方が事情をすぐ把握して、サプライズ感が少なかったことを示唆している。

事実上の利上げの背景について筆者はこう邪推している。円安により物価高になっていることを官邸が気にしていたのに、黒田東彦総裁は「円安でいい」と公言していた。これを官邸がよく思わなかったので、黒田総裁が官邸の意向に沿って利上げをした、というものだ。

官僚出身の黒田総裁は、日銀総裁とはいえ「政府の子会社」の社長にすぎないことを十分に承知しているはずだからだ。また、日銀の独立というのは、政府の方針の中で、どのような政策手段とするかの「手段の独立性」にすぎないことも黒田総裁はしっかりと理解している。

しかし、さすがに株価が急落したので、黒田総裁としては予想以上の悪影響になったと感じたのだろう。23年1月の政策決定会合では、市場関係者は再び利上げを催促していたが、現状維持で踏みとどまった。黒田総裁としても、これ以上、立つ鳥跡を濁さずとしたいだろう。

日銀総裁人事は、政府が任命し国会で同意が求められる。任命するのは政府である。首相が代わっても任命権者は政府であるので、日銀が政府の方針のもとで金融政策を行うのは当然だ。日本銀行法では、金融政策が「政府の経済政策の基本方針と整合的なものとなるよう、常に政府と連絡を密にし、十分な意思疎通を図らなければならない」（第4条）とされているので、政府の政策方針の範囲でのことだ。

現在、政府と日銀はインフレ目標を共有している。昔のように過度な国債購入で過度なインフレにならないようになっており、財政規律にも資している。

（2023／01／26）

**「令和臨調」提言の意味するところ**

令和国民会議（令和臨調）は2023年1月30日、政府と日銀の共同声明について、「2％の物価安定目標」を「長期的な目標」と新たに位置付けるなどの提言を行った。「令和臨調」は、22年の参院選前の6月19日、発足大会を開催した。事務局が日本生産性本部にあることからわかるように、経団連ほどではないが、比較的政府寄りで改革系の民間経営者の集まりだ。岸田文雄政権が本格化することを見越して、基本的には政権サポートの色彩が濃いだろう。

発足大会では茂木友三郎共同代表による発足宣言が行われたが、その中に「現下のコロナ禍や食料・エネルギー価格の高騰等により政府支出の暫定的な増大は避けられないにせよ、財政・社会保障の持続可能性を担保するための取り組みに道筋をつけることは、もはや避けて通ることのできない、まったなしの課題」という一節があった。

この文章はわかりにくいが、コロナによる財政出動により債務残高が増大したが、そのために「増税」が必要という意見のようだ。

そこで、令和臨調が目をつけたのが、政府・日銀の共同声明だ。令和臨調の提言では、「2％インフレ目標設定を明記した2013年の政府・日本銀行の共同声明以降の政府と日本銀行の政策を検証したうえで、新たな共同声明（いわゆる「アコード」）を作成、公表することを提言する」とされた。

もっとも、新たな共同声明でも、インフレ目標2％だ。何が違うのか。令和臨調の出した関連資料を見るとわかりやすい。13年の共同声明では日銀は「異次元金融緩和〝できるだけ早期に2％〟」だったが、提言では「金融政策の正常化〝2％は長期的な目標〟」としている。政府に対しては「予算制約意識なきばらまき財政」を「財政規律回復、社会保障改革」に変えるとされている。

やはり衣の下の鎧(よろい)が透けてみえる。日本のコロナ対策は、安倍晋三元首相の言葉を借りれば「政府・日銀の連合軍」だった。政府が発行した100兆円規模の国債は日銀が保有し、増税に結びつかないのだが、それを増税にまで持っていきたいようだ。

そのために、政府と日銀の新たな共同声明によって、「政府・日銀の連合軍」を崩したいのだろう。要するにアベノミクスの否定である。日銀に「金融政策の正常化」、政府に「財政規律」を求めるとは、簡単に言えば「利上げ・増税」だからだ。

今の日本は、消費者物価指数の対前年比が4％増といっても、エネルギー価格など海外要因が中心だ。GDPデフレーターでみると、まだマイナスである。これが安定的に2％を超えるまで金融緩和と積極財政を継続する必要がある。「利上げ・増税」のタイミングではない。

令和臨調の提言には、各種改革については見るべき点もあるが、マクロ経済では間違った方向だ。マクロ経済をしっかりさせないと、各種改革もできなくなるだろう。

（2023／02／03）

## 立民「失われた10年検証」の不思議

立憲民主党は、自民党が政権を奪還した2012年以降の政策を検証するチーム

「失われた10年政策検証プロジェクトチーム（ＰＴ）」を立ち上げた。

安住淳国対委員長は、23年2月1日の党会合で「反転攻勢のときだ。私たちのやってきたことは決して間違いでなかったということを各委員会で証明していきたい」と述べた。ＰＴは今後、少子化対策、選択的夫婦別姓制度・ＬＧＢＴ（性的少数者）、農家の戸別所得補償制度、地方分権、社会保障、原発・エネルギー政策の6分野で検証を進める予定だという。

大西健介議員は衆院予算委員会で、児童手当の所得制限、高校無償化の所得制限、保育士配置基準の引き上げ、農業者戸別所得補償制度、選択的夫婦別姓制度、同性婚、衆議院議員の定数削減を挙げていた。

旧民主党政権の3年間で失われたものと、どちらが大きいのか検証してみよう。

立憲のＰＴでは、なぜ結果がすぐに出やすい経済政策を取り上げないのか。経済政策では雇用の確保が一番重要な課題だ。民主党政権の3年間で、正規雇用は50万人程度減少し、非正規雇用は１００万人程度増加した。安倍晋三政権では正規雇用は２００万人増加し、非正規雇用も２２０万人程度増加した。どちらが雇用を確保したか、誰の目にも明らかだ。

本来労働者のためにある民主党がその金看板の雇用で安倍政権にまったく勝てず、完敗だった。

経済以外の件、例えば選択的夫婦別姓制度、同性婚については、自民党は公約にしていなかったので、検証するといっても見解の相違にすぎない。そうしたものは、選挙でどちらが国民の支持があるのかを競うので、結果としてこの10年間では自民党が選挙で選ばれたのは国民の支持があっただけだ。まさか選ばなかった国民が悪いとは言えないだろう。

もっとも、時代とともに国民の意見も変わる。価値判断に基づくものを検証するのは、よほど慎重に行う必要がある。

この10年ではなく、民主党時代の公約などを検証したら、かなり面白い。消費税は議論しない、埋蔵金を発掘する、高速道路無料化、沖縄基地は最低でも県外――などがあったが、いずれも実現できなかった。

特に、埋蔵金については、その当時、筆者は「埋蔵金男」と呼ばれていたが、民主党から何かを聞かれた記憶はない。自分たちでできると勘違いしたのだろう。民主党議員の中には筆者にだまされたという人もいたが、そもそも話を聞かれていないのだ。

なお、民主党政権直後の安倍政権ではスタート時に10兆円程度を捻出した。

安住氏は、「旧民主党政権の政策は実は先端を行っていたことを証明する」というが、公約してもできなかったのでは意味がない。埋蔵金前提で政策を組み立て、埋蔵金が見つけられずあきらめたというのが実情だろう。

党内からも、自己満足に終わるなどと、議論の行方を懸念する声もあるようだ。

（2023／02／13）

## 回顧録で安倍氏の偉大さ再認識

『安倍晋三回顧録』（中央公論新社）が出版された。その中で財務省の力について言及している点や、ロシアのプーチン大統領、トランプ前米大統領、中国の習近平国家主席らとの外交に関する話などが話題になっている。

この本を読んでまず思ったのは、やはり安倍さんは金融政策を完璧に理解していたことだ。

「2％の物価上昇率の目標は、インフレ・ターゲットと呼ばれましたが、最大の目的は雇用の改善です。（中略）完全雇用というのは、国によって違いはありますが、大体、完全失業率で2・5％以下です。完全雇用を達成していれば、物価上昇率が1％でも問題はなかったのです」と述べている。

財務省との闘いも相当なものだった。本書中、「財務省」という言葉が71回も出てくる。「経産省内閣」といわれたのに、秘書官だった今井尚哉氏の28回をはるかに上回っている。

「安倍政権を倒そうとした財務省との暗闘」という一節を設けて、10％への消費増税を2度見送った際に、財務省がかなりえげつない抵抗を行ったことが書かれている。

しかし、安倍さんは、財務省の抵抗をはねのけ、コロナ対策を増税なしで行った。

「財務省の発信があまりにも強くて、多くの人が勘違いしていますが、様々なコロナ対策のために国債を発行しても、孫や子に借金を回しているわけではありません。日本銀行が国債を全部買い取っているのです。日本銀行は国の子会社のような存在ですから、問題ないのです。信用が高いことが条件ですけどね」

これこそ、筆者が先に紹介した「政府・日銀連合軍」だ。森友問題でも財務省はひどかった。安倍さんはもっと怒っていたと思うが、ここは筆が抑えられていると感じた。

財務省に関する話について、筆者は生前、安倍さんから聞いており、意外感はない。ただ、一般の読者は、財務省が創価学会にまで手を回して安倍政権に抵抗していたことなどを聞くと、驚くだろう。

外交は安倍さんから外国首脳の人物評を何度も聞き、いつも場を和らげてもらった。明るい安倍さんが話すと大いに座が和んだ。本書では実際の現場や背景が追加されており、面白い。

中国の危険性を各国首脳に説いた先見性には改めて驚くばかりだ。ここだけでも第一級の資料である。外交専門家から見れば貴重な宝庫だろう。「自由で開かれたインド太平洋」や日米豪印の戦略的枠組み「QUAD（クアッド）」は第1次安倍政権の時から温めていた構想であるが、2度目の登板がなければありえなかった。これらは日本の政治家が誰も成し得なかった世界レベルの功績だ。

本書が公開されたのは、安倍さんが暗殺されたからだ。本書の出版が一時停止となっていたのは、首相に3度目登板の可能性があったからだと筆者は邪推している。もちろん3度目の登板のほうがよかった。

本書を読むと、改めて安倍さんの偉大さが思い出される。今も存命であれば、この国難にどのように臨むのかと、涙してしまう。

（2023／02／14）

**新日銀総裁は雇用より金融機関重視**

政府は次期日銀総裁に元日銀審議委員の植田和男氏、副総裁には氷見野良三前金融庁長官、内田真一日銀理事を起用する人事案を国会に提示した。

2023年2月初め、一部新聞で雨宮正佳副総裁に総裁を打診したと報じられた。その際、副総裁候補が報じられず、かなり不自然だった。しかも、官邸サイドから、観測気球だと反応があり、他の新聞は追随できなかった。

今回、雨宮氏が辞退したというが、総裁人事は遅くとも1カ月以上前に打診しているはずなので、あり得ないだろう。

筆者は、2月初めの報道を本当に観測気球だったと思っている。もし、マーケットの反応が良好なら、雨宮総裁、植田副総裁、氷見野副総裁だったのではないかと邪推している。日銀としては総裁ポストを絶対欲しいはずだし、雨宮氏は「日銀プリンス」としてその人事路線に乗っていた。

しかし、官邸の思惑とは違い円安に振れた。本来であれば円安は国内総生産（GDP）の増加要因なので悪くないのだが、今の官邸は物価対策に近視眼的なので円安は悪いと勘違いしている。このため、雨宮総裁案を取らず、総裁・副総裁を1人だけ代えて、今回の案になったのではないか。氷見野氏が総裁では3期連続で財務省出身となり岸田文雄政権は財務省の言いなりとの批判を受けるので、植田総裁になったと考えられる。

結果として植田総裁はサプライズだが、学者出身というのは国際標準なので国会で批判を受けることも少ないという岸田政権の判断だろう。自民党内には、アベノミクスを継承せよ、具体的には若田部昌澄（わかたべまさずみ）副総裁を総裁にせよとの意見も根強いので、そうした声への配慮からも、同じ学者出身で理解が得やすいというメリットもある。

何しろ岸田政権は支持率が低下基調なので、国会より党内政局のほうがより心配だ。植田氏に関する報道で円高に振れたのも官邸には好都合だ。

一般的に中央銀行総裁に求められる条件は、①博士号②英語力③組織の統率――の3つだ。植田氏は①と②は申し分ない。③は金融庁長官を務めた経験もある氷見野氏と日銀プロパーの内田氏がカバーするのだろう。結果的には国際標準に近づいたといえる顔ぶれになった。

ただ、金融政策については、植田氏が総裁になっても政府と中央銀行が共有する方針に従うので、大きく変わらないだろう。この方針は事実上、政府が主導するので、岸田政権が引き締め方向ならそちらに向かうことになる。

なお、植田氏は、雇用より金融機関重視であり、リフレ派ではない。かつてリフレ派の岩田規久男（いわたきくお）元副総裁と元日銀の翁邦雄（おきなくにお）氏との論争を仲裁したことがある。客観的には岩田氏に軍配が上がったはずだが、痛み分けにしたくらいの「政治的判断」をしたこともある。

金融政策は何を目指すものなのか。インフレ目標2％を堅持するのか。その場合、なぜ2％なのか。雇用と金融機関のどちらを重視するのか。イールドカーブ・コントロールを続けるのかなど、国会でしっかり質疑してもらいたい。

（2023／02／15）

## 植田和男氏のハイパーインフレ論

日銀次期総裁候補の植田和男氏は学者出身だが、金融機関寄りともとれる発言をしていたという記録がある。

日銀審議委員だった原田泰(はらだゆたか)氏は、著書『デフレと闘う―日銀審議委員、苦悩と試行錯誤の5年間』(中央公論新社)で、日銀がイールドカーブ・コントロール(長短金利操作)を導入した2016年9月のことを次のように書いている。

《日銀は、さまざまな研究会を開催している。そのなかの1つ、9月30日に開催された第3回カナダ銀行・日本銀行共催ワークショップの終了後のパーティで、東大の植田和男教授は、通常の歓迎スピーチの機会に、わざわざメモを用意して、「長期金利の0%の金利のペッグ(マイナス金利政策とイールドカーブ・コントロールで、長短金利をある程度固定していることをペッグと表現した―筆者注)がハイパーインフレを引き起こす。金融機関経営が厳しくなり、金融仲介機能を壊して経済を悪化させる」と述べた》

実際には、日銀がイールドカーブ・コントロールを行ってもハイパーインフレにはなっていない。

マクロ経済学の常識では、金融政策は雇用の確保を一番重視する。インフレを加速しない最低の失業率を狙うために金融緩和を行うのだ。これは、先に紹介したように、

『安倍晋三回顧録』にも書かれている。

この観点から言えば、雇用の確保をやりたいがための過度の金融緩和を戒めるために、インフレ目標がある。つまり、金融緩和しすぎてインフレを加速するのはまずいという意味合いなのだ。

一方、金融機関は自分の利益のために、利上げを求めて、低金利を嫌う傾向がある。実際、アベノミクスでの金融緩和について、金融機関から安倍元首相のところへは苦情が多かった。筆者もその一部を見せてもらったことがある。

金融機関優先のために利上げをすると、雇用の確保ができないことがしばしばだ。企業活動に影響が出て、雇用が損なわれるからだ。

今回の日銀総裁、副総裁候補の顔ぶれをみると、総裁候補の植田氏のほか、副総裁候補は前金融庁長官の氷見野良三氏と日銀理事の内田真一氏だ。

金融庁は金融機関を監督するが、産業政策としてみると、その利益代表をすることもある。監督規制でダメな金融機関にはペナルティー、良い金融機関にはメリットというアメとムチの関係だ。

日銀にも金融庁と似たような感覚がある。日銀といっても、金融政策を行う部署はごく一部であり、金融機関監督や考査、それと金融機関と取引を行う部署がほとんどだ。しかも、金融庁や日銀幹部らの「天下り先」が金融機関であることも珍しくない。この点からも、金融機関の利益を代表しがちになる。

そうなると、本来金融機関の利益代表になりえない学者出身の総裁は、雇用を重視して金融政策を行う必要がある。

（2023／02／17）

# 第2章　「円安悪玉論」は支離滅裂

## 日銀理論と責任回避

デフレ脱却のための金融緩和政策については、かつて日銀内にも否定する声が強くあった。ここにきて「円安の副作用」を批判する声もあるが、こうした反対論は筋が通っているのか。

かつて日銀内には、いわゆる「日銀理論」があった。これは、1990年代前半の「岩田・翁論争」で明らかになったものだ。当時学者で後に日銀副総裁になった岩田規久男氏と、当時日銀官僚だった翁邦雄氏の間で行われた。

岩田氏はマネーサプライ（通貨の供給量）の管理は可能としたのに対し、翁氏は「できない」と主張した。論争は、経済学者の植田和男氏が「短期では難しいが長期では可能」といい、一応収まった。

2000年代に入ると、日銀はマネタリーベース（中央銀行が供給する通貨量）の量的緩和政策を採用し、リーマン・ショック以降は世界の中央銀行でも量的緩和政策を導入したので、基本的には岩田氏の主張の通りだった。

日銀は白川方明（まさあき）総裁体制で量的緩和を否定していたが、黒田東彦総裁体制になって再び量的緩和政策を実施することとなった。そもそも日銀理論は、金利は操作できるが量は操作できないというが、量と金利は裏腹という経済理論から見れば奇妙奇天烈なものだった。

しかし、日銀理論は形をかえてしぶとく生き延びた。名目金利はゼロ以下にはならないと言い、それで量的緩和を「実施しても効果がない」と主張した。筆者らは、経済理論では「金利」は名目金利から予想インフレ率を引いた実質金利なのでゼロ制約はないとし、各国のデータから量的緩和で実質金利をマイナスにできると指摘した。

すると、反対派は今度は急に効果があるとし「ハイパーインフレになる」と言い出した。石は普段は動かないが、動き出すと止まらないといういわゆる「岩石理論」だ。筆者らはこれに対し、ハイパーインフレの数量的な定義を持ちだし、実施されている量的緩和からはハイパーインフレが起こらないと再反論をした。

量的緩和について、「効果がない」から「ハイパーインフレになる」とは、まったくお粗末だが、マスコミは相変わらず、日銀理論を信じている人が少なくないようだ。かつては日銀自身が日銀理論を唱えていたので、日銀に取材しなければ記事を書けない人たちにとっては、日銀理論を否定することは自己否定になるからだろう。

日銀理論の背景にあるのが、日銀官僚の責任回避だった。量の管理はできないのだから、デフレも日銀の責任ではないというものだ。効果がないとか、効果が出すぎてハイパーインフレになるというのも責任回避の表れだ。量の管理ができないというのは、金融政策ができないというのに等しいが、そこまでして責任回避したいものかと思った。

官僚制の欠陥は「無謬性（むびゅうせい）（間違いを起こさないという考え方）」と「責任回避」であるが、かつての日銀はその典型だった。

（2022／06／23）

## 円の「実力低下」はミスリード

国際決済銀行（BIS）が発表した実質実効為替レートの2022年1月の数値が、1976年以来約46年ぶりの低水準となった。「円の実力が低下」として、家計への逆風になるとも報じられている。

円の実質実効為替レートは対ドルのほかユーロ、英ポンドなどの主要通貨に対する相対的な値動きを、各国・地域との貿易量、物価水準の相対的な差などを元に加重平均して求める。

円によるモノやサービスの購買力を指数で表したものだといえ、指数の上昇は通貨高を意味し、円の実質実効為替レートが下がった場合、同じモノやサービスを海外で買ったり輸入したりする際に、円換算での支払い負担は増すということになる。

ＢＩＳでは、27主要国・地域について、１９６４年から実質実効為替レートを算出している。２０２２年1月時点で指数がこれまでの平均値より小さく、通貨安になっている国・地域はノルウェー（マイナス９・２）、英国（マイナス16・２）、ギリシャ（マイナス０・２）、カナダ（マイナス９・０）、日本（マイナス15・８）、ドイツ（マイナス５・１）、メキシコ（マイナス17・０）、フィンランド（マイナス９・０）、フランス（マイナス11・５）、アイルランド（マイナス２・０）、スウェーデン（マイナス36・８）、韓国（マイナス10・９）と12カ国ある。ここ数年間、英国、メキシコ、スウェーデンは、日本よりさらに自国通貨安だった。

なお、現在と46年前を比べると、日本は同程度の数値であるが、ノルウェー、英国、カナダ、オーストラリア、シンガポール、ドイツ、ポルトガル、メキシコ、フィンランド、スウェーデン、台湾、韓国ではかなりの自国通貨安になっている。

日本の実質実効為替レートをみると、１９９０年代までの比較的高い成長期に円高、その後、「失われた30年」で円安となっているので、円高のほうがいい印象になっているが、前述の例で分かるように、経済成長との明確な関係は見られない。

ちなみに、ユーロ圏はユーロ以前は各国独自通貨のため、実質実効為替レートはそれぞれの動きで、ユーロ導入後は当然ながらほぼ似た動きになっている。だが、それぞれの国の経済活動は全く同じようにはなっていない。

こうしてみると、実質実効為替レートは対ドルなど2通貨のレートでは把握できない総合的な通貨の購買力を示す指標としては意味があるが、しばしばいわれる「通貨の実力」との表現はややミスリードではないか。

そう表現すると、国力や経済力までイメージしてしまうが、そこまでの「実力」はないだろう。その証拠に、日本よりはるかに自国通貨安が起きている他の国で、実質実効為替レートが話題になることはあまりなく、実際の外国為替市場の取引で指標となることもほとんどない。

46年前と比較して、自国通貨安になっている国は前述のとおり少なくないが、それらの国で特に大きな問題は起きていない。

（2022／02／24）

## 金融業者のポジショントーク

日銀が長期金利を抑制するための「指し値オペ」を連続で実施したことを受けて、為替市場で一時、1ドル＝125円台まで円安ドル高が進む場面があった。「物価上昇に拍車」「家計に負担」といった報道も見られるが、問題はどこにあるのだろうか。

岸田文雄政権は「原油高、原材料高、物価高」が生じているとの認識だ。このうち個別の原油高と原材料高はその通りだ。しかし、供給が需要を上回るGDPギャップ（総需要と総供給の差）が30兆〜40兆円程度あるので、物価全体の上昇にはそう簡単にならない。コストプッシュという要因はあるが、需要不足のために価格転嫁ができるところは限られてくるためだ。

原油や原材料高への対応策も、マクロでGDPギャップを埋める有効需要策と、ミクロで個別価格高に対応するガソリン税の減税、消費税の軽減税率適用拡大を実施すればいい。

だが、岸田政権は物価高を強調し、マスコミもそれに同調している。原油高、原材料高に加えて円安なので、物価高になると煽（あお）っているわけだ。さらに、円安を悪いものと決めつけ、円安是正のための金利引き上げまで主張する人もいる。そこまでくると、さすがに経済の基本原則を分かっていないと言わざるを得ない。

先進国は変動相場制だ。国際金融のトリレンマ（三すくみ）があり、①資本移動の自由②金融政策の独立性③固定相場制——の3つのうち2つしか選べないから、③を諦めた結果だ。ということは、為替のために金融政策を使うことは基本的に間違っている。

そして、ここで金利を上げれば、再びデフレになってしまう。はっきりいえば、現段階で円安是正のために金利引き上げを主張する人はデフレ指向者だ。結果として、それは国内雇用を考慮しないこととなる。

一方、岸田政権が物価高を強調するのは、いうまでもなく、今後の補正予算の金額を渋りたいからだ。GDPギャップを埋めるという観点からは、財政支出を真水で30兆～40兆円の規模にしなければいけない。しかし、今のところ、第1段階で当初予算の予備費5兆円、第2段階で10兆円規模しか聞こえてこない。これではGDPギャップを埋めるまでにはならない。

そもそも今の円安が日本経済に悪いかといえば、そうでもない。あくまで為替は金融政策の結果であり、国内の雇用は確保されている。

為替は二国間の金融政策の差で長期的に決まる。米国ではＧＤＰギャップがなく物価高であるので金融引き締めになるが、日本はＧＤＰギャップがまだあり物価高になっていないため、金融緩和しなければならない。ある程度の円安になるのは当然で、日本経済全体にとっては悪くない。ほとんどの国で自国通貨安はＧＤＰを増加させる。

為替に対する見解は、国内雇用に配慮したものではなく、自分に都合が良い「ポジショントーク」であることがしばしばだ。金融業者の金儲けの話とマクロ経済運営は別にする必要があるが、今のマスコミ報道は、金融業者の話ばかりだ。


（２０２２／04／01）

## 円安はメリットかデメリットか

日銀の野口旭（のぐちあさひ）審議委員が、このところの円安ドル高について「現状ではプラス面の方が大きい」と発言したのに対し、日本商工会議所の三村明夫会頭は「デメリットの方が大きい」と述べたという。

こうした見解の違いは、それぞれどこを見て話しているかによって生じる。

為替動向は輸出入や海外投資を行う業者にとって死活問題だ。円安は輸出企業にとってはメリットだが輸入企業にとってはデメリットだ。また、これから海外進出を考えている企業にとってはデメリットであるが、すでに海外進出して投資回収している企業にとってはメリットがある。もちろん急激な為替変動を避けるべく一定の為替ヘッジをしているだろうが、基本的な為替の影響はここに述べたとおりだ。

まず中小企業への為替の影響を考えてみよう。海外投資は少ないので、輸出入の影響を強く受ける。

中小企業庁による規模別輸出額・輸入額の統計は、残念ながら2012年をもって廃止されたが、それ以前の数字でも基本的な特徴は分かる。

輸出額について、中小企業分、大企業分、共存分で分かれており、比率は約15%、約39%、約46%。輸入額については、それぞれ約36%、約31%、33%だ。中小企業は大企業に比して輸出が少なく、輸入が多い。つまり、中小企業は大企業より円安によるデメリットを受けやすいのだ。三村会頭の意見は、中小企業を代弁している。

一方、野口委員はどうか。輸出企業には大企業が多く、世界市場で伍(ご)していけるエクセレント企業もある。一方、輸入企業は平均的な企業だ。この場合、エクセレント企業に恩恵のある円安の方が日本経済全体の国内総生産（ＧＤＰ）を押し上げる効果がある。

これは、日本に限らず世界のどこの国でも見られる普遍的な現象だ。輸出の多寡により効果は異なるが、いずれも自国通貨安はＧＤＰへプラス効果があるのだ。

つまり、野口委員の発言は、日本経済全体を考慮したものだといえる。なお、円安でＧＤＰが増えれば雇用にもプラスになるので、労働者のためにもなるのはいうまでもない。主として大企業で構成されている経団連の十倉雅和会長は、最近の円安について、大騒ぎすることではないという見解を示している。

ただし、大企業の中でも金融業界の意見は特殊だ。金融業界は、今の低金利環境では利ざやが稼げない。このため、金融業界の利益のために金利高をもくろみ、今の円安に否定的なことを言って円高誘導からの金利高に持っていこうとする。

マスコミに出るエコノミストはほとんど金融業界の人なので、彼らの意見にはよく注意したほうがいい。これは日本経済全体にはよくないが、かつての日銀は金融業界の意見に引きずられたこともあった。

いずれにしても、各財界の意見は、それぞれの団体や機関の利益を代弁しているだけと思えばいい。

（2022／04／13）

## 「円高は国益」はデタラメ

このところの為替の円安傾向を受けて、「円高は国益」「製造業は海外に拠点を移しており円安メリットは小さい」といった議論もあるという。

先に円安は輸出の多い大企業にはメリット、輸出の少ない中小企業にはデメリットだと指摘した。また、金利引き上げが利益になる金融機関は、円安を問題視する傾向があり、マスコミに出てくるエコノミストの多くが金融機関の関連で、金融機関の意見を代弁していることも述べた。

経済全体でみると、円安は国内総生産（GDP）を増加させるのでメリットがある。これは世界各国でほぼ同じ傾向だとも書いてきた。これらは、国際機関が現在行っているマクロ経済モデルでも確認されている。

自国通貨安はしばしば「近隣窮乏化策（きんりんきゅうぼうかさく）」とも言われるが、逆にいえば自国経済は良くなることを意味している。この意味でも「円高は国益」は誤りだ。

一方、「製造業が海外に拠点を移しているので円安メリットは小さい」という意見もあるが、これは輸出メリットが減少していると言っているだけだ。

海外に拠点を移していれば、その投資収益があるはずで、この円価換算収益は円安メリットを受けている。企業が輸出するか現地生産するかは、労働力や原材料を国内で調達するか海外でするかの違いであり、ともに円安で利益があることに変わりはない。

こうしたことを知ってか知らずか、「円高が国益」とデタラメを言うのは理解しにくい。

過去のエピソードをたどってもいいだろう。

民主党政権時代、先進各国がリーマン・ショックの中で強力な金融緩和をしたが、白川方明前総裁当時の日銀は金融緩和しなかった。その結果、予想通り円高になり、日本経済の足を引っ張った。リーマン・ショックの震源地でもない日本の経済成長率の低下は先進国の中でも最低級だった。

為替を意図的に変更するのはさほど難しくない。金利を引き上げるだけだ。ロシアのようにインフレの前に金利を引き上げれば通貨高にできる。しかし、それは雇用確保のための金融政策を通貨操作に使うもので、基本的に誤りだ。この結果、一部の人は利益を得られるが、国全体としてはデメリットが大きくなり、経済を痛めてしまう。

筆者の研究では、戦後長らく日本は為替レートを理論値より安く設定してきた。これが戦後の高度経済成長のエンジンとなった。しかし、度重なる周辺各国の円高への要求があり、1990年以降はほぼ理論値通りだ。円安という〝ゲタ〟がなくなって、高度成長が終わったというのが筆者の見解だ。

これは自国通貨安がメリットであることを示すエピソードだ。海外から、政治的な理由で自国通貨安を是正しろとの要求があるのは、筆者としても想定内であるが、国内からそうした声があることこそ、「国益」に反するので驚きだ。


(2022/04/26)

## 「悪い円安」論は誰の意向か

米連邦準備制度理事会(FRB)は2022年5月4日、0・5%の利上げを決めた。

米国のインフレ率を確認しておこう。全体の消費者物価指数の対前年同月比でみると、２０２２年1月は7・5％上昇、２月は7・9％上昇、３月は8・5％上昇だった。エネルギーと食品を除く指数は１月が6・０％、２月が6・４％、３月が6・5％の上昇となった。

22年4月の予想は全体で8・1％、エネルギーと食品を除くと6・０％上昇とされ、3月がピークになりそうだ。

インフレ率の基調を示すエネルギーと食品を除く指数がインフレ目標2％のはるか上の6・5％になってから、結果として3月の利上げとは、「ゆっくりな」対応だといえる。そして今回の再利上げだ。

金融政策で、「ビハインド・ザ・カーブ」という鉄則がある。これはインフレ（物価上昇）に対して意図的に利上げのタイミングを遅らせることだ。逆にいえば、物価の上昇を先取りして予防的な利上げは行わないという伝統手法だ。

日本では利上げをはやし立てる人は多い。そのために、最近の円安も「悪い円安」という言い方が広がっている。

円に限らず自国通貨安は自国経済を活性化するとして、従来から「近隣窮乏化」ともいわれてきた。経済協力開発機構（ＯＥＣＤ）の経済モデルでは、10％の円安により、国内総生産（GDP）は1～3年以内で0・4～1・2％増加する。

円安によって不利益を被るところもあるが、それでもGDPが増加するので、そうした人たちのデメリットを穴埋めした上で、経済全体のパイを増やすことができる。それを「悪い円安」と表現することには、かなり違和感がある。利上げだけを業界のために求める金融界の意向が大きく反映しているのではないか。

米国のインフレ動向を時系列でみると、エネルギーと食品を除く指数はかなり安定している。2000年以降、22年3月までの267カ月中、インフレ目標の許容範囲である1～3％を外したのは、1％に達しなかったリーマン・ショック後の10年4～12月と、3％超になった最近の21年5月以降の計20カ月だけだ。残り247カ月は1～3％に収まっており、その比率はなんと93％である。

日本では、物の値段が総じて高くなったとはいえ、全国に先行して公表される22年4月の東京都区部の消費者物価指数は、生鮮食品を除く総合で1・9％上昇、エネルギーと生鮮食品を除く総合で0・8％上昇だ。基調であるエネルギーと生鮮食品を除く総合では、インフレ目標の許容範囲1～3％にすら達していない。

繰り返しているように、相当のGDPギャップがある中で、そう簡単にエネルギーと生鮮食品を除く総合は１～３％に行かないと筆者はみている。米国でエネルギーと食品を除く総合が３％を超えたのは21年5月だが、利上げしたのは10カ月後の22年３月からだ。日本でも、ビハインド・ザ・カーブの鉄則からは当分は利上げなしとすべきだ。

（２０２２／05／11）

## 日銀金融政策３つの「黒歴史」

日銀は現在、金融緩和政策を継続する意向を示しているが、円安が進んでいることを背景に否定的な意見も出てきている。過去、デフレから完全脱却できない中で日銀が金融引き締めに転じたことで雇用や景気はどうなったのか。日銀の「失敗」を３点指摘しておきたい。

第1に、２０００年8月のゼロ金利解除だ。１９９９年の米国のＩＴバブル波及により、日本も景況改善が見えていた。しかし、インフレ率はせいぜいゼロ％程度であり、ゼロ金利解除は早すぎるとして政府内でも異論が多かった。

当時、筆者は米プリンストン大学に留学中であったが、後にノーベル経済学賞を受賞したポール・クルーグマン教授から直接メールで「日銀のゼロ金利解除は間違っている」と連絡を受けたくらいだった。

第2に、2001年に導入した量的金融緩和政策を06年3月に解除したことだ。筆者は当時、小泉純一郎政権でマクロ経済について意見をいえる立場だったので反対だった。量的緩和解除後の景気悪化を予測したが、その通りになった。

この失敗の後、08年にリーマン・ショックがあり、震源地でもない日本が大きな打撃を受けた。政府の反対論を押し切って解除した日銀に、安倍晋三氏らは大きな不信感を持った。

第3は、リーマン・ショック直後の08年10月に世界各国の中央銀行がすぐ金融緩和で対応し、協調利下げしたのに、日銀は加わらなかったことだ。これで日本は猛烈な円高になった。どこの国でも自国通貨高は経済活動にマイナスだ。当時の日銀の決定はあまりにひどすぎた。

いずれも引き締めのタイミングが最悪で、デフレ脱却のチャンスを逃したり、デフレをさらに悪化させたりすることになってしまった。日銀はインフレ目標ではなく「デフレ目標」だと揶揄されていた。

13年からの黒田東彦総裁体制の日銀では、これまでのようなひどいミスはない。16年の「イールドカーブ・コントロール（長短金利操作）」導入は、金融緩和のペースを低下させたのでベストの政策とは言いがたいが、それ以前ほどの大ミスでもない。

今回、「悪い円安」とのフレーズで利上げを促す論調が多い。今のところ、日銀は金融緩和の継続を掲げているが、生鮮食品とエネルギーを除く消費者物価指数（CPI）の対前年同月比が1％にも満たない状況であれば当然だ。米国ではそれが6％台になって初めて利上げしたくらいだ。

もし円安是正のために金融引き締めを行うとなれば、日銀の暗黒史に新たなページを加えることになる。それは、インフレ目標に基づく金融政策ではなく、目標逸脱行為になって日銀法の趣旨にももとるものだ。

そもそも為替操作を目的として金融政策を行ったら、セントラルバンカー失格だ。円安は国内総生産（GDP）増加要因だ。海外から「近隣窮乏化」として批判されることはあっても、国内から批判されることは本来ない。「悪い円安」論で利上げさせようとする国内勢力はおかしい。

（2022／06／17）

# 第3章　岸田増税と金融引き締め

## ＮＨＫ会長と日銀総裁の人事

ＮＨＫの次期会長に元日銀理事でリコー経済社会研究所参与の稲葉延雄氏が就任することが決まった。

ＮＨＫには、経営に関する基本方針、内部統制に関する体制の整備をはじめ、毎年度の予算・事業計画、番組編集の基本計画などを決定し、役員の職務の執行を監督する機関として経営委員会が設置されている。その委員は、国民の代表である衆・参両院の同意を得て、内閣総理大臣により任命される。

経営委員会の大仕事は、執行の元締めのＮＨＫ会長を指名することだ。２０２２年12月５日の経営委員会において、23年１月25日付で稲葉氏を会長とすることとした。任期は３年。

これまでのＮＨＫ会長をみると、以前は内部からの登用だったが、２００８年以降の５人は外部から登用してきた。08年からアサヒビール出身の福地茂雄氏、11年からＪＲ東海出身の松本正之氏、14年から三井物産出身の籾井勝人氏、17年から三菱商事出身の上田良一氏、20年からみずほフィナンシャルグループ出身の前田晃伸氏だ。これらの民間出身経営者は、官僚の発想にはない経営努力を促し、受信料を引き下げてきた。

稲葉氏も形式的には財界人だが、先代５人が民間人だったのに対し、元日銀は、ある意味で元官僚ともいえる。岸田文雄政権になってから明らかに流れが変わったという印象だ。要するに、官僚を重用する岸田政権らしい。民間人から官僚という流れの変化に連なっている。

いくら形式的にはＮＨＫ経営委員会がＮＨＫ会長を指名するとしても、官邸との間で相当程度のすり合わせがないはずがない。

また、筆者は今回のＮＨＫ会長人事が次期日銀総裁人事と関係しているとみている。23年４月８日で満期が到来する総裁人事は大きな政治イベントだ。23年の通常国会で同意人事が必要となるが、指名するのは政府なので、現時点（注／22年12月）でかなり人選が進んでいるだろう。

これまでの財務省と日銀の「たすき掛け」の順番からいえば、今度は日銀の番だ。その過程で日銀出身の稲葉氏も総裁候補リストに上がっていたと思われる。稲葉氏は、生え抜きの伝統的日銀マンだが、その手法は白川方明前総裁と基本的には同じだ。大胆な邪推であるが、日銀総裁候補からＮＨＫ会長に回ってきたのかもしれない。

日銀総裁人事も、これまでの安倍晋三・菅義偉政権路線とはかなり異なるだろう。アベノミクスでは、日銀がインフレ目標を導入した。これは先進国では最も遅かったが、それ以前の政権ではできなかったことだった。その結果、過去の政権で最も雇用環境を良くした。

白川前総裁に代表されるように、日銀は元々インフレ目標に否定的だったが、政治主導で正した。

しかし、岸田政権が任命した現審議委員の一人はインフレ目標見直しに言及している。ただちに見直しは行わないだろうが、新総裁の下で長期的に換骨奪胎が行われる可能性もなくはない。

（2022／12／09）

## 増税方針は財務省のシナリオ通り

岸田文雄政権は、5年間の防衛費の総額を43兆円としたうえで、不足分を増税で確保する方針を示した。注意したいのは、財務省が防衛省要求額の48兆円から43兆円へ減額したことだ。

予算作りの一般論として、財源には①他の歳出カット②建設国債対象③その他収入（埋蔵金）④自然増収⑤増税がある。

ところが、政府内では「試算」が一人歩きしていた。防衛費について、５年後の２０２７年度に防衛費と関連する経費を合わせて国内総生産（ＧＤＰ）比２％とするが、今年度のＧＤＰ見通しを元にすると11兆円規模になるとした。試算では、５年後には追加の財源としておよそ４兆円が必要で、歳出削減のほか、年度内に使われなかった「剰余金」を活用しても１兆円程度が不足するとしている。

肝心な②建設国債対象と③埋蔵金がまともに検討されていない。まさに増税ありきだ。

②を具体的にいうと、安倍晋三元首相が提唱していた「防衛国債」である。安倍元首相が亡くなってから、財務省は官邸に有識者会議を作り、防衛国債の議論を封じて増税への地ならしを行ってきた。

ここにきて、自衛隊施設の整備費の一部に建設国債を活用する方針と報じられたが、27年度までに約１兆６０００億円にとどまるという。

③の埋蔵金にしても外国為替資金特別会計（外為特会）の評価益（30兆～40兆円程

度）が含まれていない。財務省は「為替介入になる」というが、実際に為替介入を行ったではないか。

他の先進国では外貨準備が少ないが、これは、為替介入後にドル債の売却か償還を行っている証拠である。日本もドル債の償還なら良くて、売却は不可というのはロジカルではない。そもそも、数兆円程度の為替介入をしても、1日150兆円程度の取引がある外為市場ではほとんど効果はないのだ。

埋蔵金はほかにもある。一般会計に計上されている債務償還費（22年度15・6兆円）は、他に流用しても国債償還には全く支障がない。そもそも債務償還費を予算で計上しているのは先進国では日本だけだ。実際、これは一般会計から国債整理基金特別会計への繰り入れだが、過去にも停止したことがある。

財務省はこうした埋蔵金の大物をやらずに、小物ばかり手をつけて、「やった感」を醸し出している。それは「剰余金」という言葉にも出ている。「余り」を出すかどうかは財務省の意向次第だ。

財務省は、財源を確保するため、国有資産の売却などによる税金以外の収入を活用する「防衛力強化資金」という新たな枠組みも検討していると報じられている。こうした資金は、防衛費を区分経理するための常套手段であり、財源確保のための増税につながる。東日本大震災の際に「復興特会」を作り、復興増税に持っていった手法に類似している。

岸田首相は与党に税制措置を検討するよう指示したが、自民党内で安倍派などは反発している。岸田首相は財務省のシナリオ通りに動き、不要な増税に走ったと指摘せざるを得ない。

（２０２２／12／14）

## 「日銀利上げ」で見えた岸田政権

日銀は２０２２年12月20日の金融政策決定会合で、長期金利の上限を従来の０・２５％程度から０・５％程度に引き上げることを決めた。事実上の利上げとなる。これを受けて株式市場は急落し、急速な円高が進んだ。

決定会合前の22年12月17日には、岸田文雄政権が、日銀との共同声明を改定する方針を固めたと報じられていた。報道の中に、「日銀は２％の物価上昇目標に縛られて身動きできず、急激な円安と歴史的な物価高を誘発するなど、このところ、金利を極めて低い水準に抑え込む大規模な金融緩和の弊害が目立っている」という趣旨の文がある。ここに共同声明を改訂したい側の思惑が透けて見える。日銀の利上げはこうした動きを先取りしたものとみられる。

円安は金融緩和の効果であるが、国内総生産（ＧＤＰ）を伸ばすので日本経済には好都合だ。実際、法人企業統計で、経常利益が過去最高を記録している。円安で一部の業界が苦しくなるのは事実だが、政府が円安による最大の利益享受者なので、対策さえ施せば日本経済全体の問題にはならない。

物価高というが、２桁程度上昇している諸外国に比べるとまだ楽な方だ。22年10月の消費者物価指数では、対前年同月比で総合が３・７％、生産食品を除く総合が３・６％、生鮮食品・エネルギーを除く総合が２・５％であるが、消費者物価を含む全体を示すＧＤＰデフレーター（７～９月期）は、前年同期比０・３％下落とまだマイナスである。先進国の物価目標もほとんどが２％で、それらの国でも２％になったら直ちに金融引き締めをするわけではない。金融政策の一般則として「ビハインド・ザ・カーブ」があり、金融引き締めはやや遅れて行うものだ。

今回の利上げや共同声明の見直し論は、世界の標準的な金融政策からみてかなり的外れと言わざるを得ない。低金利を日本経済の弊害だと主張する一部の金融機関や、アベノミクスを失敗としたい一部の政治勢力、マスコミなどが後ろで糸を引いている可能性がある。

防衛増税ではっきり国民に分かってしまったが、岸田政権は財務省の言いなりで財政緊縮路線だ。この財政緊縮路線と整合的なのは金融引き締め路線である。白川方明前総裁体制までは、日銀はひどい金融引き締め路線だった。

筆者は、１９９０年代半ばから日本経済が低成長だったのは、90年頃のバブル後の間違った金融引き締めを間違っていないと言い張り、継続した結果だと思っている。

それを裏付けるデータもある。バブルの前、日本のマネーの伸びはそこそこで経済成長も良かった。84～93年の統計数字をいえば、世界１４２カ国で相関係数０・９４（１が最大）、日本は小さい順でマネーの伸びが26位、成長が25位だった。しかし、～２０１３年は世界１７１カ国で相関係数が０・７９、日本は小さい順でマネーの伸びが１位、成長１位だった。つまりマネーの伸びでも成長でも世界ビリになってしまった。

岸田政権のマクロ政策は、増税路線といい、金融引き締めといい、まるで失われた

20年の再来のようだ。

（2022／12／22）

## 防衛増税はほぼ外堀が埋められた

防衛費強化の財源として岸田文雄首相は、法人税や所得税、たばこ税の増税開始時期を来年に決定すると述べた。一方、日銀は金融緩和政策を修正した。岸田政権の財政緊縮と金融引き締めの方針が明確になった。

岸田首相は防衛増税の自民党内の議論について、反対が多い政務調査会でなく、税務調査会に委ねた。この手続きそのものに問題なしとはいえない。

２０２２年12月13日の税制小委員会での政府資料では、《歳出改革、決算剰余金の活用、税外収入を活用した防衛力強化資金（仮称）の創設に必要な法制上の措置については、次期通常国会に提出予定の財源確保に係る法案に規定》と書かれている。14日の政府資料でも同じ表現だ。

22年12月16日には、自民・公明両党が２０２３年度税制改正大綱をまとめた。その中で《防衛力強化に係る財源確保のための税制措置》として、法人税、所得税、たばこ税の引き上げが具体的に書かれている。ただし、施行時期は、24年度以降の適切な時期としている。

防衛増税については、ほぼ外堀が埋められた。ただし、税制改正大綱には書き込まれたが、法案にはなっていない。というわけで、いちるの望みは、財源確保にかかわる法案の扱いだ。

その法案について、政府（岸田政権）は次期通常国会に提出予定としている。増税実施時期は24年以降と確定しないが、法案に増税措置が盛り込まれるはずで、次期通常国会の提出が決まれば、防衛増税は確定する。

問題は、同法案がどのような政治プロセスで扱われるのかだ。つまり、年末の予算などとともに閣議決定されるが、その前に与党プロセスがどうなるか。政調でどこまで審議できるかがカギとなる。かつての自民党であれば、全議員参加の「平場」でしっかり議論されていたが、今回はどうなるだろうか。

防衛費増については、岸田政権でも一部認めた建設国債対象経費をさらに拡大できるかどうかもポイントだ。一般会計に計上されている債務償還費（22年度15・６兆円）を含め特別会計の「埋蔵金」を出せば、増税は必要なくなるはずだが、そうした議論が自民党内でまともにできるかどうかが問われている。

自民党の世耕弘成参院幹事長は22年12月20日、「今後も税以外の財源をしっかりと議論して、具体的に詰めていくことが何よりも重要だ。萩生田（光一）政務調査会長のもとにつくられる検討の場でしっかり議論してほしい」と述べており、注目だ。

金融政策で日銀は、容認する長期金利の上限と下限を０・２５％から０・５％程度まで拡大した。事実上の利上げの方向性が明確となったことで、10年近く続いたアベノミクスの「終わりの始まり」との見方もできる。

決定会合の直前には、安倍晋三政権が日銀と発表した共同声明を見直すとも報じられており、筆者は日銀が岸田政権の顔色をうかがったとみている。

いまの経済状況で増税と利上げを行うと、雇用や企業業績に悪影響が出ることは、安倍元首相なら十分に分かっていて、政治力を発揮していたはずだ。安倍氏の不在はあまりに大きい。

（２０２２／12／23）

## 国債論、正しいのは安倍元首相

岸田文雄首相は２０２２年10月10日の記者会見で、防衛費増強の財源について国債の発行を否定した。「国債でというのは、未来の世代に対する責任として採り得ない」と述べた。

その後、政府は自衛隊施設の整備費の一部に建設国債を活用する方針を固めたとされるが、「禁じ手」「借金容認につながる」など批判的な報道もある。

安倍晋三元首相は生前、防衛国債を主張し、「道路や橋は次の世代にインフラを届けるための建設国債が認められている。防衛予算は消耗費といわれるが間違っている。防衛予算は次の世代に祖国を残していく予算だ」と語った。

国債論として正しいのは安倍元首相だ。防衛はインフラと同じで将来世代まで便益があるのだから、国債にふさわしい。

岸田首相の発言は、民主党政権下での東日本大震災後の復興増税と同じくらいひどい。大震災はまれに起こるので、課税平準化理論から、復興費用は復興増税ではなく長期国債で賄うのが、財政学からの結論だ。

同様に、有事はまれに起こるので、防衛費用は増税ではなく長期国債で賄うのが筋だ。

国債に関しては財政学などで真っ当な理論が数多くあるが、その援用を妨げているのが財務省だ。日本の経済学者や財政学者、メディアも加担している。

東日本大震災の復興増税も、古今東西あり得ない愚策だったが、学者らが復興増税に賛同するリストをつくり、財務省を全面的にバックアップした。

これは財政学が教える課税平準化理論に反していたので、それ以降、同理論を日本の大学では教えられなくなったとしたら嘆かわしいことだ。

安全保障でも、有事の費用は国債で賄われるという歴史事実さえ押さえておけば、事前の有事対応にも国債がふさわしいのは自明だ。だが、学者からはまともな声はなく、財務省の暴走を止める報道もほとんどない。

ドイツの防衛費は国内総生産（GDP）比2％のために1000億ユーロ（14・5兆円程度）の特別基金を創設したが、国債発行で賄った。これは、安倍元首相の防衛国債そのものだ。

筆者は、財務省の役人当時、国債課課長補佐を務めたことがあるが、日本の国債制度が海外と違ったのには参った。日本では、国債に「60年償還ルール」があり、毎年国債残高の60分の１について、一般会計から国債整理基金特別会計（減債基金）への繰り入れが債務償還費（22年度は15・６兆円）として規定されている。

後述するが、先進国では減債基金自体、今では存在していないので、債務償還費の繰り入れもない。日本の予算では、歳出が債務償還費分、歳入はその同額の国債が、先進国から見れば余分に計上されている。これは当年度に限れば「埋蔵金」である。この見直しを含め、もう少し国債をうまく使ってはどうか。

２０２３年度予算でいえば、債務償還費の一般会計繰り入れを特例法で停止し、それで基金を作れば、少なくともドイツと同じ特別基金ができる。しかも増税なしで可能だ。このような「簡単なこと」すらできないのか。

（２０２２／12／15）

## マスコミが洗脳されている

ＮＨＫが２０２２年12月12日に発表した世論調査では、防衛力強化に賛成した人のうち、財源について法人税を軸に増税の検討を進めることへの賛否を尋ねたところ、「賛成」が61％だった。一方、共同通信社が22年12月17、18日に実施した世論調査では、防衛力強化のための増税について「支持しない」との回答が64・9％という結果だった。

予算の歳入には、①税収②その他収入③公債金（歳出と税収等との差額）がある。②の例として、外国為替資金特別会計（外為特会、30兆〜40兆円）、債務償還費繰り入れ停止（15兆円）、日銀納付金（3兆円）などがある。③のうち歳出を建設国債対象費とするのもある。

要するに、①の税収以外でも歳入手段は多くあるのだが、一般の人では、こうした手段を思い浮かべられる人はほとんどいないだろう。実は国会議員でも同じだ。

そこで財務省は、①に持っていくために、②の具体例が話題にならないようにし、仮に見つかっても「できない」と言う。

③では「国債は将来へのツケ」と表現する。これは国債の一つの側面だけであり、ミスリードだ。歳出の便益が将来にも及ぶ場合、その負担を将来世代まで平準化するために国債が利用される。これは、社会インフラでの建設国債が典型例だ。

震災のようにまれに発生するものへの対処でも、その費用は国債だ。国防も基本的には震災に準じるものとしていい。これが、安倍晋三元首相が唱えていた「防衛国債」だ。

しかし、財務省によるミスリードな情報で、ほとんどの国会議員を含めマスコミが洗脳されている。残念なのは、岸田文雄首相自身も国債を「将来へのツケ」として否定していることだ。ここまでくると、①でやむを得ないというようになる。

厳密にいえば、①も税率を上げる増税と税率を上げない増収に分けられるが、後者に言及せずに①の増税だけのようなイメージ操作を財務省は行う。22年度は過去最高の税収だったことも忘れ去られている。

マスコミを誘導するのは財務省にとってはたやすいことだ。こうした情報戦略により、増税賛成者が増えるからくりだ。

ちなみに、冒頭のＮＨＫの世論調査では、「防衛費の増額をめぐり、政府は、２０２７年度以降、毎年度不足する1兆円あまりの財源をまかなうため、法人税を軸に、増税の検討を進める見通しです。あなたは、これに賛成ですか、反対ですか」との質問だ。質問は誘導の要素が強く、その他の収入についての具体例も記載されていない。

前述のようにドイツは防衛費の国内総生産（ＧＤＰ）比２％のために１０００億ユーロ（14・５兆円程度）の特別基金を創設したが、国債発行で賄ったという基本事実も書かれていない。日本もドイツも財政破綻確率は似たようなもので、ドイツだけが財政健全化しているわけでない。

安倍・菅義偉政権でコロナ対策として100兆円使ったのに増税はなかったが、岸田政権で防衛増税なのはおかしい。こうしたことをもっと国民が知る必要がある。

（2022／12／20）

**財務省の捨て駒**

2023年度の与党税制改正大綱で、防衛費増額の財源として増税する方針が決まった。

前述のように、周辺国の軍拡など国際関係により、防衛費を急増しなければいけないのが今の日本だ。それは、ドイツも同じ事情で、国内総生産（GDP）比1・5％を2％まで高めるために特別基金を作った。財源は国債である。

その理由は財政学での課税平準化理論にある。今回のような防衛費の急増はいつもあるわけではない。意に反して有事になったときに限られる。その意味では、数十年に一回という大震災と同じだ。

大震災で経済が大打撃を受けているのに復興財源を増税にしたら、ダブルパンチになってしまう。長期国債により課税負担を平準化しなければいけない。

有事の際や、有事に備えるための防衛費でも同様に考えることができる。課税負担を平準化するために長期国債で対応するのが正しいとなる。増税した場合、平時において経済を弱めてしまう。万が一有事になったらさらに経済を悪化させ、有事対応すらできなくなってしまう。

長期国債で対応するのは、負担を現世代だけではなく将来世代にも負わせることになると批判する声もある。しかし、いま防衛費を高めることは戦争確率を減らす。これは将来世代も便益を受けるので。負担するのは理にかなっている。

安倍晋三元首相は、こうした考えを理解して防衛費を長期国債で賄うべきだと主張し、「次の世代に祖国を残していく」と述べていた。

しかし、岸田文雄首相は「未来の世代に対する責任」として、国債を否定した。同じ趣旨の発言は公明党の山口那津男代表からも出ている。これらは財務省からの振り付けではないのだろうか。

その後、防衛費の一部について、財務省は「建設国債対象経費」とせざるを得なくなった。岸田首相はある意味で財務省からはしごを外された形だ。

また、岸田首相は当初、増税から所得税を除くとしていたが、自民党税制調査会で、復興特別所得税を充てることになった。

ここでも岸田首相や所得税は増税しないと言った一部の関係者は、財務省の捨て駒にされている。

結局、財務省が真の主権者であるかのような動きを見せている様子がバレバレだ。東日本大震災の復興財源として長期復興国債でなく復興増税になった際も、〝黒幕〟の財務省に、民主党はいいように操られていた。同じ光景が繰り返されている。

民主党政権では、増税を自由に行えた財務省も、安倍・菅義偉政権では不自由な身だったはずだ。安倍政権では2度消費税を引き上げたが、何度も延期された。約100兆円のコロナ対策も「政府・日銀連合軍」により増税なしで行われた。

今回、防衛費の追加分は20兆円程度で、防衛国債も埋蔵金もあるのに増税とはおかしい。安倍・菅政権で鳴りをひそめていた財務省の「増税虫」がうごめいてきたのだ。

これでは、有事の前に国が倒れてしまう。防衛増税の是非を国民に問うべきだ。

（2022／12／21）

# 第4章　財務省はなぜ増税をしたいのか

## 増税の前に議論すべきことがある

政府税制調査会で、消費税について「未来永劫10％のままで日本の財政がもつとは思えない」などの声が委員から出たという。

財政がもたないというのなら、そのデータを示すべきだろう。かつて財務事務次官が歳出と税収の差が開き続けることを「ワニの口」にたとえて財政危機を煽ったが、安倍晋三元首相は「財政の一部しか見ていないお粗末なものだ」と喝破した。次官たる者が会計に関する無知をさらけ出したものだった。

安倍元首相は、民主党政権の負の遺産である2度の消費増税をやらざるを得なかった。不本意ながら引き上げを行い、「あと10年は増税不要」と言った。安倍氏がいなくなってすぐに増税を言い出す輩は、増税に取りつかれているのだろうか。

小泉純一郎政権の時、やはり財務省は消費増税をしたかった。しかし、当時の中川秀直政調会長は「増税の前にやることがある」と言った。①天下りに伴う行政の無駄カット②埋蔵金の発掘③経済成長などによる「増収」が、増税より先というわけだ。当時の小泉首相もその順番だと同調した。野党も野田佳彦氏は、①を「シロアリ退治」と称し、「増税の前にやることがある」と言っていた。

そこで、筆者らは、埋蔵金発掘などを行った。結果として60兆円ほどの財源を捻出できたので、小泉政権では増税をほとんど行う必要がなくなった。

財務省の増税路線を抑えられるのは政治である。政府は財務省に牛耳られるので、自民党や野党の役割が大きい。

ところが、現在は自民党内、とりわけ安倍氏を失った清和会は政調会長などキーパーソンを出しているが、政策論争をしている余裕がないほどガタガタである。野党にもまともな意見があまり出ていない。財務省もそうした政治情勢を見切って、政府税調を使って増税論をぶつけてきている。

埋蔵金は、外国為替資金特別会計（外為特会）などで50兆円ほど発掘可能だし、円安による経済成長で「増収」もある。

さらに、「増収」では、インボイス制度（適確請求書保存方式）導入もある。市民グループや左派政党らの反対があるが、消費税が導入されている国では総じて導入されている普遍的な制度だ。

日本にインボイス制度がなかったので、消費税非課税業者なのに消費税を取りつつ、それを納税せず自分の利益とすることが生じていた。いわゆる「益税」問題だ。インボイスは各取引で消費税を明記することで「益税」をなくし、税のごまかしを防ぐものだ。

筆者は、消費税率の引き上げ（増税）には賛同しかねるが、消費税を公平に取ることで、「増収」になるのはいいと思う。インボイスによって、税の公平性が確保され、結果として増収になればなおいい。

政府税調は、財政の包括的分析を行い、その上で①無駄カット②埋蔵金③増収を増税の前に議論すべきではないか。その方が、より説得的な財政議論ができるはずだ。

（2022／11／01）

## 「ホップ、ステップ、ジャンプ」増税論

消費税率は2014年4月に8％、19年10月に10％となった。さらなる引き上げはあるだろうか。

財務省出身の筆者は「なぜ財務省は増税をしたいのか」としばしば聞かれる。簡単にいえば職業病であり、よくいえば日本政府の財政を憂いたものだ。背景には、強烈なエリート志向があり、自分たちこそが日本を指導していると勘違いしている。

筆者は財務省在籍25年の大半を財政の正しい見方の普及に費やした。会計学を使い連結対象を含めた政府のバランスシート（貸借対照表）を作成し、金融工学を用いて日本政府の破綻確率も算出した。その結果、今のところ日本政府の財政状況は財務省が主張するほど悪くないことが分かった。財務省は「増税しないと国債が暴落する」と安倍晋三政権を脅したが、延期しても暴落しなかった。

それでも財務省は相変わらず一部部門の収支に固執し、バランスシートの負債サイドだけで財政を説明して「財政が悪い」という。はっきりいえば、会計無知による間違いだが、マスコミその他の無知に乗じていて改める気配もない。財務省の欺瞞（ぎまん）は、いつまでたっても筆者との直接対話を回避していることからも明らかだ。

幸いなことに、安倍・菅義偉政権では財務省の口車に乗らずに経済政策をしっかり行った。しかし、岸田文雄政権は、防衛増税と事実上の利上げでアベノミクスの方向性を変えた。

防衛増税はたかだか1兆円なので、防衛国債の範囲を拡大するか、埋蔵金（外国為替資金特別会計や債務償還費を活用）によって回避できる。財務官僚がどうしても増税したいとしか考えられない。

これで思い出すのが、東日本大震災後の「ホップ、ステップ、ジャンプ」論だ。復興増税をホップとして、ステップ、ジャンプで2段階の消費増税を行うのが財務省の構想だった。筆者はそれを財務省関係者から聞いたので本書の元となった『夕刊フジ』での連載などで暴露したが、そのとおりになった。

今回も、防衛増税はホップであり、ステップ、ジャンプで2段階の消費増税を財務省は狙っている。そして、消費税率は12％を経由し、15％になるだろう。そのためには、ともかく今回「増税」したいのだ。

筆者はこうした財務省の思惑について、できるだけテレビの地上波番組で話している。昨年末、筆者がレギュラー出演する大阪の番組で、消費税15％の可能性について言及した。

この場面について、番組MCの東野幸治さんやスタジオパネラーのほんこんさん、「ジャニーズWEST」の中間淳太さんらが「15％?」とあぜんとしていたとネットニュースなどで報じられた。筆者は楽屋などでこうした話を日常的にしており、彼らも知っているはずだが、あらためて視聴者に分かりやすく表現したのだろう。

消費税などの増税は経済の立て直しに障害となる。しかも、財務省の主張とは違って財政状況は悪くない。今回の防衛増税でも、財務省は国債の使い方が稚拙すぎる。もっとマクロ経済と財政（ファイナンス）を勉強せよと言いたい。

（2023／01／05）

**異次元の少子化対策は「異次元の増税」**

岸田文雄首相は年頭の記者会見で「異次元の少子化対策に挑戦する」と述べた。これを受けて自民党の甘利明前幹事長が、財源として消費税の増税に言及した。少子化対策の財源として消費増税が必要なのか。増税の弊害はないのか。

少子化対策について、あまのじゃくな筆者はその必要性がストンとこない。人口が減少しても1人当たり国内総生産（GDP）で見る限り、必ずしも低下するとは言い難い。

世界中で人口が減少している国は30カ国程度あるが、1人当たりGDPが成長している国も少なくない。端的にいえば、人口が減少しても、ロボットでかなりの程度補えると思う。

人口動向の根本要因は分からないが、金銭要因による人口増誘導については、政治家のみならず在野の方からおびただしい政策提言がある。少子化対策ほど、客観的なエビデンス・ベースト・ポリシー（証拠に基づく政策）からほど遠い分野もなく、なんでもありの世界だ。

人口動向は人の生物としての本能的な営みが大きく関係するのは自明だが、それを金銭要因でどこまで誘導できるかについて、実証分析なしにもかかわらずだ。逆にいえば、基本的なメカニズムが分からないので、人口問題は政治課題なのだろう。とにかく、人口問題は国民に人気があり、政治家には人口問題に関心を持つ人が多い。

財務省から見れば、政治課題なので無視することはできない。しかし、どうせ政治からの要求が来るのであれば、それを逆手に取ることを考えているはずだ。

そこで、少子化増税だ。人口を増やすために増税とはちょっと意表を突いているが、「少子化対策には安定財源を」という例のフレーズだ。

その財務省の思惑をつい口にしたのが、甘利前幹事長だった。本人は、趣旨は違うのに一部を切り取られたと弁明しているが、いかにも脇が甘かった。財務省にとっても、本音が漏れたので焦ったことだろう。

財務省の戦略は、少子化対策について多くの政治家から語ってもらう。ただし財源論抜きでは語らせないというものだ。そして、最終的な取りまとめ段階になったら、政治家の少子化対策にはエビデンスがないとして大幅に換骨奪胎するが、安定財源論だけはしっかり残して少子化増税にもっていくのだろう。少子化対策は広い意味での社会保障になるので、社会保障財源である消費税増税にもっていくのが目に浮かぶ。

少子化対策担当大臣の小倉将信氏は41歳で当選４回の新進気鋭だ。まさに百家争鳴の少子化対策の取りまとめにはうってつけだといえる。少子化対策はすぐに答えを出す必要はなく、議論、検討をしていればいい。そのための会議を官邸に作ると首相出席で煩わしいので、内閣府特命担当大臣は適任なのだ。

その方が財務省にとっても好都合だ。議論が拡散気味でも時間がかかってもよく、最後の刈り取りの時、政策には効果で難点をつけながら安定財源で増税を盛り込めばいい。これは「異次元の増税」策だ。

（２０２３／01／12）

## 「暴落ホラー」の正体

為替は一時、１ドル＝１３０円を割り込むなど落ち着いてきたが（注／２０２３年

1月16日時点)、それでも今後の大幅な円安を予想する論者もいる。同様に財政破綻(国債暴落)やハイパーインフレになるという論調も一部にある。

財政破綻や国債暴落などを煽る人の大半は、それらの定義を言わない。これまでの筆者の体験も、次のようなものが多かった。

その1。私「国債暴落はあるのですか。何カ月以内で何%とか定義を言ってください」

先方「暴落なき暴落があります」(〝あります〟を強調)

私「暴落はないのですか」

先方「暴落なき暴落があります」(〝なき〟を強調)

その2。私「ハイパーインフレの定義は何ですか。(経済学者)フィリップ・ケーガンのもの? 国際会計基準?」

先方「(一切答えず)ハイパーインフレになっていいんですか。日銀引き受けはハイパーインフレになるのです」

私「日銀引き受けは毎年やっていますよ。私はその最高記録保持者ですが」

先方「……」

かつて役所内で議論したときでも、「財政破綻の定義は難しい」と言われ、定義することも避けられた。

しかし、不良債権処理の専門書を書いたこともある筆者にとって、民間の破綻認定は簡単だった。債務の支払い能力がないというためには、基本的には貸借対照表（バランスシート＝ＢＳ）で債務超過を示せばいいからだ。

国の財政については、日銀を含め連結ベースのバランスシート（貸借対照表）を作れば、負債に見合う資産があり、純債務額はほぼゼロである。それに見えない資産である徴税権を加味すれば、明らかに資産超過だ。

標準的なファイナンス理論からみれば、日本政府が破綻するという話はホラー小説と同じレベルだ。ちなみに、日本の財政破綻の確率は市場データから算出すると今後５年間で１％程度である。

２０１５年4月15日、参議院の国民生活のためのデフレ脱却及び財政再建に関する調査会で、筆者は参考人として意見を述べる機会があった。

参院議員だった藤巻健史氏との質疑の際、筆者が標準ファイナンス論による議論をした。円暴落やハイパーインフレ論で知られる藤巻氏から「自分の財政観とは違う」と言われたので、筆者が「藤巻先生は20年もオオカミ少年でないか。予測は当たっていない。インフレ目標2％でハイパーはあり得ない」と答弁したところ、同氏から「確かに当たっていないが。瀕死の状況をみていたら言わざるを得ない」とのことだった。筆者が「私なら合理的な予想しか言わない」と返すと、議場では笑いが起こった。

円暴落、国債暴落、ハイパーインフレになるという〝ホラー論調〟は少なくない。ホラー小説や映画が一定のファンをつかんでいるように、暴落ホラーにも一定の読者がいる。ホラーはあくまで現実と違うから楽しめるが、暴落ホラーと現実との区別がつかないのは困る。

暴落論については、結果を待っていればいい。

（２０２３／01／16）

### 国債「60年償還ルール」は不要

防衛費増額の財源の確保のため、自民党内で国債の「60年償還ルール」の見直し論が浮上している。

債券関係の用語で「減債基金」というものがある。辞書には「国債を漸次償還し、その残高を減らすために積み立てる基金」とあるが、国債に限らず地方債にもある。国債の減債基金は「国債整理基金」という。

60年償還ルールは、減債基金のためにどのように繰り入れるかを定めたものだ。建設国債の場合、社会インフラの構築のために発行されるが、その耐用年数が60年程度なので、それに合わせて60年償還とされている。減債基金への毎年の繰入額は国債残高の60分の1で1・6%ということになる。

筆者は、大蔵省（現・財務省）の役人時代に、国債整理基金の担当をしたことがある。その当時、海外の国債管理担当者に対して、「日本では減債基金があるので国債が信用されている」と言った。それに対し、海外の先進国から「うちの国は減債基金がないが、なぜ日本にはあるのか」「借金しながら減債基金への繰り入れのためにさらに借金するのはいかがなものか」と反論され、参ったことがある。まったく彼らの言うとおりだからだ。

よく考えてみたら、日本でも民間会社が社債を発行しているが、減債基金があるという話は聞かない。減債基金の積み立てのために、さらに借金をするのはおかしいというのは誰にでも分かる話だ。

民間の社債では、借り換えをして、余裕が出たときに償還するというのが一般的だ。これは、海外の国債でも同じなので、海外の先進国でも、かつては国債の減債基金は存在していたが、今ではなくなっている。

さらに、金利環境に応じて買い入れ償却するなど国債全体をいかに効率的に管理するかが重要なので、金融のプロを国債管理で配置し、債務管理庁などのプロ組織にしている。

しかし、日本では、国債・地方債の減債基金がまだ存在している。大学の財政学のテキストにも、国債・地方債の減債基金の制度やその重要性が説明されている。ただ、海外では存在していないことや、減債基金がなぜ必要なのかについてはあまり言及されない。もし学生がそうした質問をしたら、大学教員は困るだろう。

国際基準からの正解は、60年償還ルールを廃止してプロの債務管理庁を創設するというものだ。

60年償還ルールを廃止すると国債の信任が失われると財務省は言うが、他国の例からみても的外れだ。過去に1・6%の繰り入れをしなかったこともあるが、国債の信任という問題にならなかった。

国で60年償還ルール、減債基金を廃止すると地方にも波及する。それは地方財政に無用な制約をなくして財政余力が高まることを意味する。おそらく兆円単位の財政的な余裕になるだろう。23年4月に統一地方選があるので、償還ルールの見直しをぜひとも政治課題にするべきだ。

（2023／01／18）

## 地方債も償還方式を見直せばいい

国債の「60年償還ルール」について見直し論が浮上しているが、地方債の償還はどのようなルールなのか。

国債の償還方法は満期一括償還方式とシンプルだが、地方債は複雑だ。もっとも、地方債の償還方法は引受資金と不可分であるので、まず引受資金を説明しよう。

引受資金は公的と民間に分けられる。公的資金は「財政融資資金」や「地方公共団体金融機構資金」など、民間資金は「市場公募債」「銀行等引受債」などに大別される。

公的資金では、すべて定額償還など定時償還方式だ。定時償還では償還の平準化が図られるので償還ルールは必要ない。

民間資金のうち市場公募債については、ほとんどが満期一括償還方式である。また、銀行等引受債における償還方法は、ケース・バイ・ケースだが、証書方式ではおおむね定時償還方式、証券方式では満期一括償還方式が多いようだ。

地方債総残高における満期一括償還方式と定時償還方式の内訳についてのデータは公表されていないが、全地方債残高約１８０兆円のうち３分の１の60兆円程度が満期一括償還方式であるといわれている。

国は、市場公募債発行団体に対して、計画的な償還準備として償還ルール（減債基金への積立）を強く勧奨している。国で60年償還ルールがあるためだ。

ここで、国際標準を紹介しよう。満期一括償還方式・償還ルールなしだ。満期一括償還方式と定時償還方式を比較すると、後者の方が発行者コストが大きくなる。その理由は、長期金利なのに満期前に償還するからだ。ただし、満期一括償還方式でも償還ルールがあると、発行者コストが大きくなる。償還ルールのために無用な発行をするからだ。

以上をまとめると、発行者コストは、①満期一括償還方式・償還ルールなし②満期一括償還方式・償還ルールあり③定時償還方式――の順で前者ほど低くなる。このため、国際標準は①になっているのだ。

こうした実情から、わが国の債務管理の後進性が浮き彫りになる。国は②、地方は３分の１が②で、３分の２が③だ。

筆者がこの実情に気付いたのが約30年前であるが、いまだに60年償還ルールに固執する財務省と、その要請を無批判に受け入れる総務省は、ともに金融知識が欠けていて国際標準からかけ離れている。

今回の国債の償還ルール見直しの背景にあるのは国の防衛費の捻出であるが、地方財政でも減債基金や積立金は数兆円以上取り崩しが可能となり、地方財政が楽になる。なお、地方では不必要な積立金を持つのでその運用に苦しみ、しばしば金融機関の餌食になることも少なくない。ぜひとも、４月の統一地方選でも見直しを争点にしてもらいたい。

今回の国債の償還ルールの見直しが、そうした不合理をなくすとともに、発行者コストの低減に向けて国と地方を国際標準に近づけるなら、国民として大いに歓迎である。もちろん、そのためには債務管理のプロを国も地方も用意する必要がある。

（２０２３／01／30）

**増税規模は財務省の意のまま**

自民党は２０２３年1月19日、「防衛関係費の財源検討に関する特命委員会」（委員長・萩生田光一政調会長、顧問・世耕弘成参院幹事長）を新たに設置し、初会合を開いた。

防衛費増額の財源をめぐっては、政府与党が22年末に、法人税等の増税による税収で4分の1を賄い、4分の3は歳出改革等で確保する方針を決めた。

萩生田氏は会合の冒頭、同委員会を設置した経緯について、「税以外の財源の具体的な在り方について丁寧に議論し、国民の皆さまにも納得していただける説明ができるよう、責任ある議論を行っていきたい」と強調した。これまでの政府与党内の議論では、23～27年度の5年間における防衛力整備計画において、43・0兆円程度の水準を達成するとしている。その中で、財務省が提示している財源確保は40・5兆円程度だ。

その内訳を言えば、22年度当初予算５・２兆円をそのまま5年間継続したとして25・９兆円。そのほか、歳出改革で３兆円強、決算剰余金の活用で３・５兆円程度、防衛力強化資金で４・６兆～５・０兆円強、税制措置（防衛増税）で３・１兆～３・５兆円程度で、計14・６兆円程度としている。

実は、防衛力整備水準の43・０兆円程度のうち防衛増税を含む財務省提示の予算総額は40・５兆円であり、２・５兆円は足りていない。これについてはさまざまな工夫を行うとされている。

今のところ、防衛増税は、とりあえず5年間で３・１兆～３・５兆円程度である。しかし、さまざまな工夫がないと、これが５・６兆～６・０兆円程度になるかもしれない。さらに、歳出改革や決算剰余金の活用はかなり財務省の意のままにできる数字でもあるので、９・３兆～９・７兆円程度になる可能性も否定できない。

税外収入からなる防衛力強化資金をどのように確保するかが、防衛増税のポイントになる。まず、目先の23年度予算の防衛力強化のために税外収入がどうなるか。外国為替資金特別会計（外為特会）からの繰入金３・１兆円程度、財政投融資特別会計からの繰り入れが０・６兆円程度、新型コロナ関連の国庫返納が０・２兆円程度、緊急小口資金等の特例貸付国庫返納が０・１兆円程度、大手町プレイス売却収入が０・４兆円程度などがあり、計４・６兆円程度だ。

これに歳出改革０・２兆円程度を加えて４・８兆円程度とし、防衛力整備計画の増加額に１・４兆円、防衛力強化資金への繰り入れに３・４兆円程度とするのが、23年度予算である。23年度では防衛増税はまだ実施されないので、税外収入でやり繰りする。24年度から防衛増税を実施予定としているが、歳出改革等が予定通りいかないなどの理由を財務省なら簡単に見つけられる。その場合、４年間で３・１兆～６・０兆円程度の増税になる。

この増税をぶっ飛ばすには、「60年償還ルール」を廃止し、23年度予算にある債務償還費の繰り入れ停止で相当分の16・４兆円を防衛力強化資金へ繰り入れることだ。繰り入れ停止は11回も前例がある。23年度でなく24年度までに行ってもいい。

（２０２３／01／25）

## 児童手当の所得制限と歳入庁の関係

政府は児童手当について所得制限を撤廃する方向だと報じられた。西村康稔（やすとし）経済産業相が否定的な見解を示しているが、岸田文雄政権は制限撤廃を求める声にも配慮するという。

この問題を考える前に、先進主要国の児童手当や税制支援をみておこう。

児童手当について、英国、フランス、ドイツ、スウェーデンは第1子に月額2万円程度の制度がある。所得制限はいずれの国でもない。米国に同様の制度はない。

税制支援については、英国は児童税額控除、フランスはN分N乗（世帯単位での課税）、ドイツは児童扶養控除（児童手当との選択制）、米国は児童税額控除がある。スウェーデンはない。

総じて先進主要国では、児童手当は児童税額控除と一体運営になっており、児童手当の所得制限にそれほど意味はない。

日本では、児童手当は第1子原則1万円で所得制限があり、税制支援は扶養控除だ。両者は併存しており、一元化されていない。

欧米で児童手当と税制支援が一体となっているのは、税と社会保障が一体で、歳入庁方式で運営されているからだと筆者は思っている。児童手当も、広い意味で社会保障関連支出なので、税と一体的に運用されるのが合理的だからだ。

しかし、日本では、税と社会保障はまったく別物で、財務省と厚生労働省がそれぞれ縦割りで運営している。かろうじて両者の接点は消費税を社会目的税とすることだ。

消費税を社会保障目的税とする先進国は日本以外にない。そして、消費増税のためにだけこの接点があり、財務省は社会保障を人質に、消費増税をたくらむ。今回も自民党の甘利明前幹事長が思わず漏らしたが、異次元の少子化対策は異次元の消費増税につながる可能性がある。その一方、税と社会保障を一体化させた歳入庁がないのは先進国では日本だけだ。

児童手当だけみると所得制限は正当化できそうだが、税と社会保障の一体を前提として、児童税額控除などの税制支援があれば、児童手当で所得制限なしのほうが簡明な仕組みだ。

日本で児童手当の所得制限があるのは、財源問題とともに、税額控除などの税制支援を拒んできた財務省の存在も無視できない。これまで自民党が所得制限撤廃に反対してきたのも、裏には財務省がいたからだ。

日本の児童手当での所得制限は、歳出を少なくするとともに、歳入庁を忌避し税と社会保障の一体運用をしたくない縦割り志向の財務省が政治家に振り付けた結果ともいえる。

国際比較からみた児童手当の正解は、所得制限なしと児童税額控除（N分N乗など他の税制支援でもいい）の組み合わせと、それらの一元化である。

それには、今の財務省・国税庁と厚労省・年金機構の縦割りを統合し、歳入庁などの組織の一元化も必要であるが、はたして岸田文雄政権でできるだろうか。

（2023／02／07）

## 「消費税の社会保障目的税化」は間違い

消費税の減税をめぐる与党からの発言が注目された。岸田文雄首相は「引き下げに伴う買い控え、あるいは消費が減退するなどの副作用がある」とし、自民党の茂木敏充幹事長は「野党の言うように下げるとなると、年金財源を3割カットしなければならない」と述べた。

それにしても、「消費税は社会保障目的税である」という財務省の罠にはまっているのは情けない。

世間で常識化している「消費税の社会保障目的税化」は、結論から言えば間違いだ。実は、1990年代までは大蔵省（現・財務省）も、消費税は一般財源であり、社会保障目的税としてはいけないという正論を主張していた。

しかし、99年の自民、自由、公明党の連立時に、大蔵省が当時の小沢一郎自由党党首に話を持ちかけて、消費税を社会保障に使うと予算総則に書いた。2000年度の税制改正に関する答申（政府税制調査会）では、それに対する抗議の意味も含めて、「諸外国においても消費税等を目的税としている例は見当たらない」と記述されている。

付け加えるなら、消費税は地方税とすべきだ。消費税は安定財源なので、先進国では地方の税源であることが多い。これは、国と地方の税金について、国は応能税（各人の能力に応じて払う税）、地方は応益税（各人の便益に応じて払う税）という税理論にも合致する。

いずれにしても、社会保障論や租税論からみれば、消費税を社会保障目的税とするのは間違いだ。

社会保障は、助け合いの精神による所得の再分配なので国民の理解と納得が重要だ。というわけで、日本を含めて給付と負担（保険料）の関係が明確な社会保険方式で運営されている国が多い。ただし、日本のように税金が半分近く投入されている国はまずない。このように税の投入が多いと、給付と負担が不明確になるからだ。

つまり、消費税を社会保障目的税にするのではなく、保険料で賄うほうが望ましい。保険料は、究極の社会保障目的税ともいえる。世界では「社会保険税」とされ、税と同じ扱いである。

もし日本でも、世界の他の国と同様に、消費税が社会保障目的税でなければ、茂木幹事長の恫喝（どうかつ）ともいえるような暴論もなかっただろう。

ちなみにコロナ危機を受けてドイツや英国では飲食、宿泊、娯楽業界の付加価値税の時限的引き下げが行われた。これで、岸田首相のいう「消費減退論」も的外れであることがわかるだろう。

岸田首相や茂木幹事長の意見は、消費税を社会保障目的税とした間違いによるものだろう。一方、国民が「恫喝」と感じたのはまさに正しい。

財務省が国際常識に反しているのは、今後増大する社会保障を〝人質〟として消費税の増税に持っていこうとしたところにある。まさに、これは「恫喝」そのものだ。
岸田首相や茂木幹事長の発言から、財務省のいいなりとなっていることや、日本の消費税に隠された闇が浮かび上がってしまった。

（2022／07／01）

# 第5章　賃金上昇の経済学

## 賃上げの王道

このところ、さまざまな物が値上げされているが、賃金上昇につながるのだろうか。

まず岸田文雄政権のやろうとしていることを確認しておこう。

岸田首相は2022年1月17日のダボス会議にオンライン参加し、「日本はこれまで、金融緩和、財政拡大、成長戦略を3本柱として、世界標準のコーポレートガバナンスなども含めた『アベノミクス』を掲げてきました。女性の労働参加拡大、雇用の拡大と（中略）大きな成果を上げてきましたが、持続可能で、包摂的な日本経済に変革していくためには、これまでの取り組みだけでは不十分なことは明らかです」と述べた。

さらに「私の内閣では（中略）グリーン・トランスフォーメーション、デジタル・トランスフォーメーションなど日本の経済社会の変革を大胆に進めていきます」としたが、これらは安倍晋三、菅義偉政権で既に予算化したことだ。

岸田政権はまた、いわゆる賃上げ税制改正を今国会に提出している。これも安倍政権でやってきた話だ。しかも、賃上げ税制改正の効果は、法人税減収額見込みである程度は分かるが、あまり詳細なデータはなく、1000億円台らしい。これでは法人税収の２％にもならない金額なので、大きな効果は得られないだろう。

　前出のダボス会議のスピーチに出てきたアベノミクスは、マクロ経済政策として継続すべきだ。岸田首相はマクロ経済政策の代わりに、ミクロ経済政策で臨むと話したように筆者には思えたが、これでは日本の経済政策オンチをさらすことになる。

　アベノミクスの３本の矢は、どこの国でも行われている標準的なマクロ経済政策とミクロ競争政策であるので、少なくともマクロ経済政策は否定しようのないものだ。ミクロ政策についてどこに力点を置くかはいろいろあり得るが、賃上げに有効なのは何よりマクロ政策で、雇用の確保による人手不足感により、失業者の低下を図るしか考えにくい。

　そのためには、目先のＧＤＰギャップ（実際のＧＤＰと潜在ＧＤＰの差）を財政政策と金融政策で解消するしかない。それなのに、２０２６年度の基礎的財政収支の黒字化目標など目標として不適切で、とんでもないことだ。

　いずれにしても、賃上げの王道は、何より雇用環境を改善することだ。企業にとって人手不足感が出るようにすると、賃金は自ずと上がる。要するに、失業率をそれ以上は下がらないというほどに下げないと、賃上げはなかなか難しい。

総務省が2021年12月28日発表した11月の完全失業率（季節調整値）は2・8％と前月から0・1ポイント上昇した。まだ失業率は下げる余地があり、いまなお雇用の回復は道半ばだ。

そもそも、インフレ率と失業率は、マクロ経済政策の目標である。この点を理解せずに、マスコミでは賃上げそのものを語るが、その資格がないとさえ、筆者には思える。

（2022／01／26）

## 給与を上げるには何をすべきか

2021年の1人当たりの現金給与総額（名目賃金）が月平均で前年比0・3％増と3年ぶりに増加した。今後も給与は上がり続けるのか。

賃金とインフレの話は経済学の中ではパラレル世界だ。賃金が労働の価格、インフレはモノ・サービスの価格だ。マクロとミクロという2つの面から見なければいけないのも同じだ。

ミクロからみれば、賃金もインフレも個別業種や個別価格の性格があり、個人差や業種差がかなりある。インフレも個別財サービスの差が著しい。ただし、その業種や個別財サービスの需給関係から決まるという意味では分かりやすい。

マクロから見ると、賃金やインフレは全ての人の平均、全ての財サービスの平均になるが、それらが決まってくる要因はマクロ経済学の仕組みが分からないと理解しにくい。賃金もインフレもマクロからみると、総供給と総需要で決まってくる。

内閣府が試算している総供給と総需要の差（ＧＤＰギャップ）でみてみよう。筆者も独自にＧＤＰギャップを算出しているが、筆者は失業率がほぼ下限とされる２％半ばを達成するときにＧＤＰギャップがないとして算出しているので、総供給は内閣府試算より２％程度高めになっている。その意味で、内閣府試算と筆者のＧＤＰギャップは２％程度の差があるので、その点は留意してもらいたい。

内閣府による２０２２年１月月例経済報告において、21年７～９月期でＧＤＰギャップはマイナス４・８％とみている。10～12月期は新型コロナが落ち着いており、ＧＤＰは伸びたが、22年１月以降、蔓延（まんえん）防止等重点措置を実施したので、今のＧＤＰギャップはそれほど動いていないだろう。

この程度のＧＤＰギャップがあると、マクロで見たインフレ率はそれほど上昇しないし、失業率もあまり低下しない。今の失業率は、雇用調整助成金で抑えている側面もあるので、雇用情勢もそれほど良好ではない。少なくとも賃金上昇が出てくるほどには強くない。

要するに、マクロで見た賃金は、失業率が低ければおのずと上昇するが、失業がまだ残っている段階ではそれほど上昇しない。失業率はＧＤＰギャップ水準に依存するが、ＧＤＰギャップがまだ残り、しかも失業率自身も雇用調整助成金頼みであるので、目立って賃金上昇するほど、雇用環境は良くないのだ。

２０１９年の内閣府のＧＤＰギャップ平均はマイナス０・２％だ。20年はマイナス５・４％、21年はマイナス４・３％だった。21年の賃金上昇率はかろうじて20年を上回ったが、新型コロナによる経済打撃でＧＤＰギャップはまだあり、とても大きな賃金上昇を見込める状況ではない。

財政・金融政策のフル稼働により、ＧＤＰギャップの解消を図るのが急務だ。そうでないと、インフレ率も賃金上昇率も高くならないだろう。

ガソリン価格などの個別価格上昇を懸念して総需要抑制を図るのは間違いだ。ガソリン価格上昇にはガソリン減税のミクロ対策で、総需要は財政・金融政策で対応すべきだ。

（２０２２／02／15）

## 経済財政諮問会議の読み方

経済財政諮問会議の中で、この25年間で、働き盛りの世帯の所得が１００万円以上減少しているとして、非正規雇用の若年単身世帯の割合が大きく上昇していることなどが指摘された。

経済財政諮問会議をめぐっては、筆者は小泉純一郎政権当時、竹中平蔵大臣の命を受け、民間議員ペーパーの下書きをしていた。当時、同会議はマクロ経済を首相に説明する唯一の機会だった。もちろんマクロ経済だけではなくミクロ経済の話題もあったが、それでも財政再建に関わるマクロ経済を議論する場として有用だった。

だが、今の経済財政諮問会議の民間議員には、マクロ経済の専門家がいない。民間議員４人のうち２人は産業界代表枠、２人は学者・エコノミスト枠だが、後者枠では東大大学院教授の柳川範之氏はミクロ経済、ＢＮＰパリバ証券の中空麻奈氏はいわゆる「債券村」の出身だ。

2022年3月3日に開催された経済財政諮問会議の議題は、①マクロ経済運営（金融政策、物価等に関する集中審議）と②所得向上と人的資本の強化だった。開催時間は45分だけだが、その資料は大量で、ほとんど役人が書いたものを一部だけ委員が首相に説明しているのだろう。

議題①に関する民間議員ペーパーで、「コロナ前のGDP水準を回復した今こそ」という記述があった。2021年10～12月期の実質GDP（季節調整済み）は541・4兆円だ。コロナ前とは19年10～12月期の542・2兆円を意味しているのだろう。

しかし、その1期前の7～9月期は557・6兆円だったので、本来であれば、そこまで回復しないといけないが、マクロ経済のゴールポストを低く設定し、財政出動しないと誘導しているようにみえる。実際、民間議員ペーパーでは「公需から民需主導の持続的な成長経路への移行を図るときである」とされている。まんまと、政府・財務省のシナリオ通りである。

冒頭の話は②に関係する。民間議員ペーパーでは、非正規雇用の割合が増えたことが所得減少の原因とはいわずに、現象面だけを書き、いきなり「賃金引き上げ、人材投資や働き方改革」という政策提言になっている。

所得減少は、マクロ経済政策の失敗による「失われた30年」だ。それには言及せずに、「成長の果実を、賃金や人材投資に加え、配当・利払い等という形でも国民に幅広く還元し、好循環を拡大すべきである」としている。これだけなら支障はないが、その前後に、今後、政策誘導する布石も打っている。

「若年世代、子育て世代は将来不安から消費を抑制し、依然、預貯金中心に貯蓄している」とし、その注釈で「我が国資産所得の格差は他の主要国と比べて大きく、例えば、家計資産総額約1億3000万円以上の高資産世帯が利子・配当金収入総額の約60％を占める状況にある」としている。

これは、21年の自民党総裁選以降、岸田文雄首相が「岸田ショック」をもたらした金融所得課税について、政府・財務省は諦めていないというメッセージである。


（2022／03／09）

## 賃金の経済理論

このところの物価上昇をめぐり、「賃金の上昇が追いつかず、実質賃金がマイナスになった」と報じられている。企業の賃上げが本格化するのはいつごろなのか、物価上昇を上回る賃上げは進むのか。

まず、賃金に関する経済理論を整理しておこう。賃金は、基本的には、労働の供給と需要によって決まる。つまり、基本的に個人の生産能力がベースであるが、労働市場の環境によって大きく左右されることもある。

その上で、労働者を採用する企業数や規模、労働市場に関する情報が不完全な場合や労使間の賃金交渉の方法の違いなども影響してくる。このうち、はじめの部分、つまりマクロ経済に関する部分のみを考慮してみよう。

名目的な賃金を上げるうえで、「労働供給」は人口などの要因で決まるので、「労働需要」が重要になってくる。労働需要は派生需要なので、経済活動に由来する。つまり、景気がよければ労働需要が増すが、景気が悪ければその逆だ。ここから、国内総生産（ＧＤＰ）が増えると、失業率が低下するという「オークンの法則」が出てくる。

労働需要が満たされる状況は、失業中の人が職を得ることから始まる。その段階では、無職ではなくなるが賃金は低い。このため、名目的な賃金ですら、平均値でみると下がってみえることもある。

| 書名　反アベノミクスという病 |
|---|

このたびは産経新聞出版の出版物をお買い求めいただき、ありがとうございました。今後の参考にするために以下の質問にお答えいただければ幸いです。抽選で図書券をさしあげます。

●本書を何でお知りになりましたか？

□紹介記事や書評を読んで・・・新聞・雑誌・インターネット・テレビ

媒体名(　　　　　　　　　　　　)

□宣伝を見て・・・新聞・雑誌・弊社出版案内・その他(　　　　)

媒体名(　　　　　　　　　　　　)

□知人からのすすめで　□店頭で見て

□インターネットなどの書籍検索を通じて

●お買い求めの動機をおきかせください

□著者のファンだから　□作品のジャンルに興味がある

□装丁がよかった　□タイトルがよかった

その他(　　　　　　　　　　　　)

●購入書店名

＿＿＿＿＿＿＿＿＿＿＿＿＿＿＿＿

●ご意見・ご感想がありましたらお聞かせください

(ご回答いただいたご意見・ご感想は広告等で使用させていただく場合があります。)

郵便はがき

100-8077

63円切手を
お貼りください

東京都千代田区大手町1-7-2

産経新聞出版　行

| | |
|---|---|
| フリガナ<br>お名前 | |
| 性別　男・女 | 年齢　10代　20代　30代　40代　50代　60代　70代　80代以上 |
| ご住所 〒<br><br>（TEL.　　　） | |
| ご職業　1.会社員・公務員・団体職員　2.会社役員　3.アルバイト・パート<br>4.農工商自営業　5.自由業　6.主婦　7.学生　8.無職<br>9.その他（　　　） | |
| ・定期購読新聞<br>・よく読む雑誌 | |
| 読みたい本の著者やテーマがありましたら、お書きください | |

しかし、労働需要が増してくると、人手不足になる業者も増えてくる。となると、名目的な賃金は平均でみても間違いなく上がる。

アベノミクスは、名目的賃金を上げるまでの貢献はあった。最後の段階で、コロナ・ショックがあったものの、失業率を下げ、名目賃金が上がるまでになった。

新型コロナ対策として安倍晋三・菅義偉政権は大型補正予算を計上し、失業率の増加を先進国で一番低くした。その際、マクロ経済での有効需要増とともに、雇用調整助成金も使った。後者については失業者の増加を防ぐ効果もあったが、結果として本来失業している人も救ったことで賃金の高止まりも招いた。これは賃金上昇を弱めることにもつながっている。

ＧＤＰギャップ（総需要と総供給の差）が30兆円程度以上と相当な額になっているので、労働需要を喚起できずに、賃金の上昇圧力もない。

当面、海外要因による物価上昇の影響が大きく、名目賃金上昇もそれに及ばないという状況だ。

筆者の見立てでは、ＧＤＰギャップが解消しないと、実質賃金の上昇は見込めない。ＧＤＰギャップが解消して半年以上の一定期間を経過すると、インフレ率も当面高くなるが、それ以上に名目賃金も伸びるようになるだろう。

インフレの基調を示すエネルギー・生鮮食品を除くいわゆる「コアコア消費者物価指数」の対前年同月比は２０２２年4月時点で０・８％上昇に過ぎないが、最近のマスコミ報道はインフレを煽るものが多い。その中で、ＧＤＰギャップを埋める政策がとれるかどうかがポイントだ。


（２０２２／06／03）

## アベノミクス批判に黒田発言を利用

黒田東彦日銀総裁が「家計の値上げ許容度も高まっている」と発言（注／２０２２年6月6日の講演）し、撤回したことが大きな騒動となった。

まず黒田総裁の発言を整理しておこう。家計が値上げを受け入れる割合が、21年8月の43％から22年4月には56％に増加したという。その理由として、新型コロナウイルス感染拡大による行動制限で蓄積した「強制貯蓄」の影響を一つの仮説として述べた。「家計が値上げを受け入れている間に、賃金の本格上昇につなげていけるかが当面のポイントだ」とも指摘した。

黒田発言は、研究成果による経済全体を見渡したマクロ経済の発言だ。それに対し、マスコミや国会は一つの分かりやすい意見をもって、それが全体の傾向だとする「ストーリー・テラー」の手法ばかりなので、そもそも反論になっていない。

最近の「物価」に関する報道でも、個別の価格上昇だけを示して、全体の物価が上がっていると説明するものがほとんどなのには辟易（へきえき）する。

個別のエネルギー価格の上昇などは、「物価」の上昇を２〜３割しか説明できない。エネルギーと食品を除いた22年４月の消費者物価指数の上昇率は対前年比で０・８％にすぎないのだ。

「家計は値上げを許容している」という切り取り報道もあった。黒田総裁の発言は、正確には「家計で値上げを容認する割合が増加している」というもので、家計全体が容認しているとは言っていない。

結局、参院選前に、アベノミクス批判に黒田発言を利用しただけになってしまった。

では、マクロ経済の立場から黒田発言をどう考えたらいいのか。まず、マクロ経済を語る上で必須なものとしてＧＤＰギャップ（総供給と総需要との差）がある。内閣府は22年６月６日、22年１〜３月期のＧＤＰギャップがマイナス３・７％、21兆円と公表した。

内閣府の計算は総供給を低く見積もったもので、完全雇用に相当する総供給は内閣府のものより10兆円程度高く、真のGDPギャップは30兆円程度あると筆者は考える。賃金を上昇させるには、このGDPギャップの解消が先決だ。それができて、半年くらい経過してから賃金は上昇する。

黒田総裁の賃上げのストーリーは、講演でも話した「強制貯蓄」が消費に転化して総需要を押し上げ、GDPギャップを解消するという経路だ。これは、財務省がよく使う手だ。民間需要が出てくるのでGDPギャップを放置してもよく、財政出動も不要というロジックだ。

だが、はたしてこのロジックは正しいのだろうか。まずは、その民間需要を呼び起こすために「呼び水」が必要だというのが筆者の立場だ。それには先の補正予算（約2兆7000億円）では一桁足りず、30兆円規模の補正が必要だ。

今回、黒田氏の発言が思わぬ騒ぎとなったことで、本格的な賃上げを実現するための議論の絶好のチャンスを逃したといえる。

（2022／06／14）

## 給与の引き上げは夢のまた夢

中央最低賃金審議会（厚生労働相の諮問機関）は、２０２２年度の最低賃金の引き上げ額について、過去最大となる全国平均31円の目安額を正式決定した。

日本商工会議所の三村明夫会頭は、「企業物価の高騰を十分に価格転嫁できていない企業にとっては、非常に厳しい結果」とした。

最低賃金については、どのような伸び率にするか、雇用の観点から合理的に考えるべきだ。大ざっぱな計数であるが、最低賃金の上昇率は「５・５％から前年の失業率を差し引いた数値」程度にしたほうが、これまでの歴史からみれば結果としていい。

賃金を上げるには、雇用の確保が先決だ。雇用の確保のためには、ＧＤＰギャップ（総需要と総供給の差）を縮小させなければいけない。これがマクロ経済学からの基本である。

旧民主党政権は最低賃金で失敗した。10年度の最低賃金は引き上げるべきでなかったが、左派政権であることの気負いと経済政策音痴から、引き上げ額17円、前年比で２・４％も最低賃金を引き上げてしまった。前年の失業率が５・１％だったので、そこから導かれる無理のない引き上げ率はせいぜい0・4%程度だった。民主党政権は、雇用確保のためにGDPギャップをなくすということができず、先に賃金上げを狙って失敗した。

こうした基本から見ると、21年の失業率は2・8%だったので、単純に当てはめると、最低賃金は2・7%増、金額では25円引き上げがギリギリのところだといえる。しかも、コロナ対策で雇用の確保を最優先し、雇用調整助成金を充実したという要因があり、本来の失業率は2・8%より高い可能性もある。となると、20円程度の引き上げでも構わなかっただろう。

はっきりいえば、まず最低賃金を引き上げて、全体の賃金引き上げにつなげるというのは、政策的に間違いだ。この点、岸田文雄政権はどこまで分かっているのか心もとない。雇用の確保を行った後、経済成長に比して相対的に人手不足になってから、賃金は上昇していくものだ。

学者の中には、労働生産性を上げることが賃金上昇につながるという人もいるが、それはミクロ的な見方だ。相対的に労働生産性の高い人ほど高い賃金が得られるが、マクロとして全体の底上げにならない。これは、ミクロでは正しいが、マクロでは思わぬ逆効果をもたらす「合成の誤謬（ごびゅう）」といわれるものだ。

岸田政権では、こうしたマクロ経済の意識が欠けている。適切な補正予算を打たずにＧＤＰギャップを放置しているのは、ウクライナ情勢を受けてのエネルギーや原材料価格上昇の転嫁もできず、賃上げに向けての大きな懸念となっている。

そうした経済政策である限り、成長も不十分で雇用の確保もまともにできず、ひいては給与の引き上げは夢のまた夢の話だ。

三村会頭は政府に環境整備を要請している。それは秋の大型補正を意味するが、できるだろうか。


（２０２２／08／05）

**財務省レク通りの「中身が重要だ」**

２０２２年10月28日に閣議決定された政府の総合経済対策は、電気・都市ガス料金の負担軽減など物価高騰への対応が柱で、国費の一般会計歳出が29兆１０００億円だった。

経済対策は規模と内容で評価できるが、まず規模が十分でないと話にならない。というのは、まずＧＤＰギャップ（総需要と総供給の差）を埋めないことには半年程度後に失業が発生してしまう。雇用の確保が政府に課せられた最大の責務なので、ＧＤＰギャップを無視している一部の識者はマクロ経済政策を語る資格がない。

今回、岸田文雄首相は記者会見において、景気が下振れしたときにもＧＤＰギャップを埋められるように配慮したと答えており、規模の点ではまずまずだと評価できる。

筆者は、真のＧＤＰギャップは30兆円程度で、対策規模もその程度としており、結果として同程度の対策なので、この点からも評価できる。

報道によれば、当初の財務省案はもっと少なかったが、自民党内の安倍派勢力が岸田首相を突き上げ、規模拡大に貢献したというので、それが事実であれば良い「政治主導」だったといえる。

野党の案が規模において政府案より少なかったのは情けない。もう少しマクロ経済を勉強してもらいたい。このままでは、財務省の応援団になってしまい、失業を容認するなど国民生活に害悪になってしまう。

マスコミは、財務省からのレク通りに、「中身が重要だ」と言い、その中身の積み上げの結果が規模になるという主旨の記事を書いている。

逆に、ＧＤＰギャップを超えた規模を求める意見もある。有効需要が総供給を超えると、雇用の確保はできるが、超過需要はインフレ率を必要以上に高くするという弊害が出る。

筆者は埋蔵金について50兆円程度と発言している。外国為替資金特別会計（外為特会）で約30兆円、国債整理基金（債務償還費）などで約20兆円がその内訳だ。しかし、ＧＤＰギャップを意識しているので、それをすべて経済対策に充てるとは言わない。経済対策は30兆円で、残り20兆円は防衛基金にして後年度の財政支出とするなどと注意して発言している。財務省は筆者の発言で不適切な点があると、すぐに反応し、誹謗中傷を裏で行うからだ。

いずれにしても、規模はまずまずだが、中身はどうか。有効需要の原理から言えば、中身は何であっても効果にそれほどの差があるわけでない。ならば何でも良いかといえばそうでもない。中身の違いによって、執行率に差が出るからだ。当然のことながら、執行率が悪いと、補正予算を組んでも、有効需要が高まらず、ＧＤＰギャップが残ったままになってしまう。

執行率の差は、補助金系と減税系を比較すると、後者のほうがはるかにいい。その観点からすると、減税系がほとんどないのは懸念材料だ。
なお、財源も不透明だ。つなぎ国債で増税となるとまずい。ここは埋蔵金の活用の出番であり、増税の出番はない。

（2022／11／02）

# 第6章　金融緩和否定論者の正体

## 「円安・物価高」の滑稽な報道

為替の円安をめぐっては、「輸入価格の上昇で家計や中小企業の負担が大きい」と強調する報道が目立つ。また、「米国が利上げしているのに、日銀は金融緩和を継続している」と批判したり、「以前に比べると円安メリットは限定的」といった報道や分析もみられる。

こうした論調には、経済全体をとらえるマクロ経済の視点がないものが多い。家計の負担が大きい、中小企業が大変というが、その一方、史上最高の収益を得ている大企業も多い。

米国は利上げしているので、円安是正のため日本も利上げすべきだというのも、マクロ経済の基本ができていない議論だ。金融政策にはインフレ目標がある。それはインフレ率（と表裏一体の失業率）のコントロールを目標とするもので、為替水準を目標とするものではない。

米国においてインフレ率が高くなっているのは、バイデン政権発足直後の大型財政出動によりGDPギャップ（総需要と総供給の差）が解消されたことによるものだ。

しかし、日本では依然大きなGDPギャップが残っている。そのため、エネルギー価格などは上昇しているが、物価の基調を示すエネルギー・生鮮食品を除く消費者物価指数は2022年4月時点で対前年同月比0・8％上昇に過ぎない。ほとんどのマスコミの報道で、このGDPギャップについて言及されない。

また、日本の報道はエネルギー価格の上昇と円安を混同しているものばかりだ。米国はドル高なのに高いインフレで、日本は円安なのにそれほどインフレでない。エネルギー価格は国際要因なので共通だが、為替は国内物価への影響が少ないのだ。実際、消費者物価指数で、円安が押し上げ効果を持つとされる輸入競合品のウエートは25％程度しかない。

「円安メリットは限定的」との意見にも根拠がない。円高時に海外拠点に移行したからというが、輸出は減っても海外投資収益が増えているはずだ。円安で国内総生産（GDP）が減少するといった議論もあるというが、内閣府などの国内機関や経済協力開発機構（OECD）などの国際機関の経済モデルと真逆な結論だ。

自国通貨安は、自国経済にはプラスだが隣国はマイナスという意味で、古今東西「近隣窮乏化」として知られている。通貨安は輸出主導の国内エクセレントカンパニーに有利で、輸入主導の平均的な企業には不利だが全体としてプラスになるので、どんな国でも自国通貨安はＧＤＰのプラス要因になる。

もし国際経済常識を覆すなら世紀の大発見だ。いずれにしても、最近まで「通貨安戦争」と煽っていたマスコミが手のひら返しするのは滑稽だ。日本にとって、エネルギー価格の上昇はＧＤＰのマイナス要因だが、円安はプラス要因だ。両者を峻別することが必要だ。

国際通貨基金（ＩＭＦ）などの国際機関で、世界経済見通しが発表されているが、日本経済の落ち込みは軽微だ。それは円安になっているからだ。円安を不幸中の幸いとして、円安是正よりＧＤＰプラスの効果を生かすべきだ。

（２０２２／06／20）

## 円安でも企業収益が好調

財務省が発表した２０２１年度の法人企業統計で、全産業の経常利益が前年度比33・５％増の83兆９２４７億円と過去最大だった。企業の「内部留保」に当たる利益剰余金は６・６％増の５１６兆４７５０億円と初めて５００兆円を超え、10年連続で最大を更新したという。

統計をさらにみると、全産業の営業利益は30・2％増の54兆2156億円、設備投資は9・3％増の45兆6613億円。なお、設備投資は、有形固定資産（土地を除く）増減額、ソフトウエア増減額、減価償却費、特別減価償却費の合計である。利益剰余金の増加額は34兆3343億円なので、基本的には利益以上に他の金融資産を取り崩して設備投資したので、まずまずの数字である。

金融緩和効果が出てきたものと思われる。それとともに、最近の「円安是正のために利上げ」というマスコミ論調がおかしいことを示している。

国内総生産（GDP）統計を見ても、民間設備投資はまずまずだが、政府公共投資はさっぱりだ。政府が出てくれれば、呼び水効果でさらに民間投資を伸ばすチャンスなのに残念で仕方ない。公共事業を評価する際に使われる社会的割引率は現在4％という法外な水準であり、その見直しなど政府がやるべきことは少なくなく、せっかくの民間投資が好調な状況を生かしていない。

法人企業統計では、21年度のほか、22年4～6月の分も公表されている。全産業の営業利益は前年同期比13・1％増の17兆6716億円、経常利益は17・6％増の28兆3181億円。経常利益は製造業、非製造業のそれぞれでも過去最高である。

営業利益が伸びているのは、コロナ禍からの経済・社会活動の正常化で業績回復が進んだからだ。

また、経常利益が営業利益よりも伸びているのは、非営業利益の投資収益が伸びているからだ。受取利息等は7兆3573億円で過去最高だった。

その主因は円安による海外投資収益の増加である。円安効果は輸出拡大という形でも表れるが、過去の海外投資収益という形でも表れる。

一般に現地生産に移行していると輸出増にならないので、円安効果は限定的だといわれるが、現地生産なら海外投資を既に実施しているはずで、その場合には輸出増でなく海外投資収益増に替わっているはずだ。今回の法人企業統計では、その効果が強く表れている。

設備投資は4・6%増の10兆6108億円だった。5期連続で前年比プラスで、民間設備投資の基調はいい。脱炭素やデジタル化への投資意欲は相変わらず堅調だ。

円安でも企業収益は良くなったわけで、筆者が円安ならGDPは伸びると主張していたことと整合的だ。

企業収益増は法人税増になるので、その増収分を円安で困っているところ、例えば中小企業などに使うといい。いずれにしても、円安はＧＤＰ増になるので、その果実を有効に活用すればよく、角を矯めて牛を殺すような、円安是正という間違った対応をしてはいけない。

（２０２２／09／07）

**「為替操作国」リスク**

円安ドル高が進んだことで、２０１１年以降実施されてこなかった為替介入が注目されている。

為替はどう決まるのか。かつては、為替売買はモノの輸出入に応じたものだったので、輸出と輸入との差額などの経常収支に連動していた。しかし、近年ではカネの取引が頻繁かつ大量に行われるようになり、資産形成の結果として為替が決まる。具体的には、カネが自由に動くような変動相場制の国では二国間のカネの総量の比率あたりに収束するようになっている。

これは実務面ではソロス・チャートとして知られているし、国際金融理論ではマネタリーアプローチといわれるものと本質的には同じだ。フローの為替売買よりカネのストックで為替動向が決まるわけだ。

為替介入は具体的には外国為替資金特別会計（外為特会）における外貨証券の売買である。円高是正には政府短期証券の発行による円で外貨証券を購入し、円安是正には保有している外貨証券を売却する。

フローの為替売買のごく一部でしかない為替介入はまず効かない。実際、為替介入の効果は数日もないといわれる。

一方で、それを行うと、例えば米国から「為替操作国」に認定されるなど、政治的に面倒な話にもなる。現時点で米国は高インフレ率に悩んでいる。米国経済の内需依存比率は高いので、為替の国内インフレへの影響は少ないとはいえ、定性的にはインフレ加速要因であるドル安の方向となる円安是正介入は、政治的に米国が許容しないだろう。

円安是正介入は、効果が限定的であるにもかかわらず、政治的なリスクが高いわけだ。

他方、外貨証券の売却には政府へのメリットもある。

政府は外為特会で外貨証券を１２０兆円ほど保有しているが、２０２１年３月末でのその円貨換算レートは１ドル＝１０４円程度だ。となると、今の為替レートでは４割程度の数十兆円程度の評価益が出ている。

為替介入が為替相場に与える影響は一時的であるが、円安是正介入による外貨証券売却で巨額の売却益が期待できるので、その財源化には大きな意味がある。

為替市場への影響を避けるために、市中への売却ではなく、対日銀への売却はあり得る。

そもそも、先進国つまり変動相場制の国で日本ほど外貨証券を保有している国はない。恒常的に外貨証券を保有していることで、常に外貨証券購入などの「為替操作」をしているとみなされても反論が難しい面もある。

あらぬ誤解を招かないように、この際、外貨証券を売却し、名実ともに正々堂々と変動相場制の国になったほうがいい。そして、二国間の金融政策の差でおのずと為替が決まるようにしたほうがいいのではないか。

この国際標準の健全な考え方に反対するのは、外為利権を手放さない財務省ぐらいだろうか。

（２０２２／09／21）

## 日銀と平成不況

外国為替市場の円相場が一時、1ドル＝150円近辺と、1990年以来の水準となった。

円安は国内総生産（GDP）にとってプラス要因だ。これは、古今東西、自国通貨安は「近隣窮乏化政策」（Beggar thy neighbour）として知られている。

通貨安は輸出主導の国内エクセレントカンパニーに有利で、輸入主導の平均的な企業に不利だが、全体としてプラスになるので、輸出依存度などにかかわらず、どのような国でも自国通貨安はGDPにプラス要因だ。もしこの国際経済常識を覆すなら、世紀の大発見だ。

このため、海外から文句が来ることはあっても、国内から円安を止めることは国益に反する。これは国際機関での経済分析からも知られている。ちなみに、経済協力開発機構（OECD）の経済モデルでは、10％の円安で1～3年以内にGDPが0・4～1・2％増加する。

その証拠に、最近の企業業績は好調である。直近の法人企業統計でも、過去最高収益になっている。これで、法人税、所得税も伸びるだろう。

しかし、マスコミ報道は、こうしたマクロ経済ではなく、交易条件の悪化などごく一部の現象のみを取り上げて「円安が悪い」と印象操作をしている。

「32年ぶりの円安」というが、１９９０年はバブル経済の絶頂から崩壊を迎えた時期だ。

当時のマクロ経済指標はどうだったのか。名目ＧＤＰ成長率が７・６％増、実質ＧＤＰ成長率が４・９％増、失業率２・１％、消費者物価指数上昇率３・１％と文句のつけようもない数字だ。

バブル期というと、ひどいインフレと思い込んでいる人もいるが、そうではない。昨今の体操だが、もし当時、今の「インフレ目標２％」があったらどうなのか。昨今の欧米の例をみても、４％くらいまでは金融引き締めをしないのが通例なので、金融引き締めをしてはいけないとなる。

実際には、マスコミが三重野康日銀総裁（当時）を「平成の鬼平」ともてはやして、金融引き締め（金利引き上げ）を後押しし、日銀もそれに従ったが、それは間違いだった。筆者の見解では、日銀はこの間違いを「正しい」と言い続け、間違いが繰り返されたので、平成不況の元凶になった。

90年と今との違いは対外純資産だ。90年末は44兆円だが、2022年6月末（1次推計）は449兆円。円安メリットは大きくなっている。その中でも最大のメリットを享受しているのは外国為替資金特別会計（外為特会）を持つ日本政府だ。

GDPをドル換算して「日本のGDPランキングが下がった」と言い、円安を悪いものとして煽る論調もあるが、円払いの給与がほとんどである日本人には無意味なことだ。むしろこれまでの円高で成長が阻害された結果を表しているとみたほうがいい。

しかし、外貨債を持っている日本人にとって円安メリットは現実のものだ。最近の円安によるGDP増加要因で、日本経済は1～2％程度の「成長ゲタ」を履いており、他の先進国より有利になっている。

1990年の失敗を繰り返さず、この好機を逃してはいけない。


（2022／10／20）

## 「外為埋蔵金」は捻出可能

国民民主党の玉木雄一郎代表は2022年10月6日の衆院代表質問で、「円安メリットを生かすのなら、外国為替資金特別会計（外為特会）の円建ての含み益を経済対策の財源に充ててはどうか」と提案した。

これに対し、岸田文雄首相は「財源確保のために外貨を円貨に替えるのは実質的にドル売り円買いの為替介入そのもの」と述べて否定的だった。

外為特会からの財源捻出について、筆者は小泉純一郎政権時に実施したことがある。小泉政権では郵政民営化がまずあったが、もう少し大きなグランドデザインをといわれ、政府のバランスシート（貸借対照表）のスリム化・効率化を提言した。

郵政民営化は政府所有株の売却が伴うのでバランスシートのスリム化だ。政策金融・特殊法人改革もスリム化だ。そうしたコンセプトで政府の特別会計を精査していたら、思いの外、余裕資産があることが分かった。

政府のバランスシートを初めて作成したのは筆者だったので、各特別会計の余裕資産を炙り出すのは簡単だった。それを経済財政諮問会議の議題にした。これがいわゆる「埋蔵金」だ。その絶妙なネーミングとともに、大きな話題になった。

そうした一連の仕事は、2006年に「簡素で効率的な政府を実現するための行政改革の推進に関する法律」という法律でまとめられている。この法律は、全78条であるが、各省にわたっており、霞が関官僚からすれば思い出したくないものだろう。おかげで、筆者は「官僚全てを敵にした男」と言われた。

その法律の39条に「外国為替資金特別会計に係る見直し」がある。実際、外為特会から財源が捻出された。

岸田首相の答弁を作成したのは財務省だろうが、当然そのときの議論は知っているはずだ。

当時、筆者は内閣官房・内閣府におり政権内だったので、財務省からの反論に答えて政策決定した。今回は、その議論の過程が国会審議として行われるのだろう。

岸田首相のいう「外貨を円貨に替えるのは実質的に為替介入」はおかしい。円高に対応するためにドル債を購入するのが為替介入だ。ドル債は有期なので、例えば3年債なら3年後に償還され、その際、外貨を円貨に替える。これは、どこの国の介入でも行われる通常の行為だ。それをやらずに再びドル債購入（ロールオーバー）したら、それこそ為替介入になってしまう。

実は、財務省はロールオーバーすることで「為替介入」しているのに、ロールオーバーしない通常のことを「為替介入」としている、これは本末転倒、きつい言葉で言うと、盗人たけだけしい言い方だ。

筆者の言うことを確認するのは簡単だ。先進国は変動相場制だが、それぞれの外貨準備高の国内総生産（ＧＤＰ）比をみればいい。多く持っている国でも数％以下だ。つまり、一時的に介入してもロールオーバーせず、途中売却か償還になっているのだ。

こうした議論についてもかつて行った。その上で、外為特会から埋蔵金を捻出したのだ。

（２０２２／10／12）

**財務相の矛盾**

政府の外国為替資金特別会計（外為特会）をめぐり、筆者は含み益を捻出すべきだと主張している。ここで改めて説明しよう。

筆者からみれば、外為特会の含み益は「霞が関埋蔵金」の一つであり、かつて小泉純一郎政権で財源として捻出した経験がある。当時は、政府内で調整が行われたが、岸田文雄政権で埋蔵金を指摘するようなスタッフはいないと思われるので、国会で議論されるのだろう。いずれにしてもできないという理由は分からない。

前述のように、国民民主党の玉木雄一郎代表が２０２２年10月6日の衆院代表質問で、外為特会の含み益が37兆円あることを指摘し、円安メリットを生かすのなら、その含み益を経済対策の財源に充ててはどうかと提案した。

これに対し岸田首相は「財源確保のために外貨を円貨に替えるのは実質的にドル売り・円買いの為替介入そのもの」などと述べ、否定的だった。

22年10月18日の衆院予算委員会では、鈴木俊一財務相も、外貨資産の評価益を経済対策の財源とする提案について「その時々で変動する外国為替評価損益を裏付けとして財源を捻出することは適当でない」と語った。

一方で鈴木財務相は、円安を食い止めるための為替介入も辞さないと繰り返して主張している。

財源とするのは否定するが、介入は行うという。この2つの発言は矛盾している。というのは、含み益を実現益とするためには、外為特会で保有しているドル債を売却するわけだが、その行為自体が為替介入そのものだ。実現益は出したくないが為替介入するという発言を同じ人が言うとは理解できないし、マスコミや国会はこのような矛盾点を指摘しなければいけない。

為替介入は１回あたり大きくとも数兆円程度の規模だ。１日の為替取引は大きい。国際決済銀行の２０１９年のデータでは、１日の平均取引量は６・６兆ドル（１ドル＝１４０円とすれば約１０００兆円）である。ドル・円の取引はシェア13％なので１３０兆円程度だ。これでは、当局が介入しても、量的にはスズメの涙であり、１、２日は介入効果はあるように見えてもすぐになくなる。

であれば、どんどん為替介入すればいい。そのたびに為替評価益は実現益に変わる。その実現益を経済対策の財源にすればいい。鈴木財務相が述べた「評価益は予算財源にできない」というのはその通りだが、予算化する前に実現益にしたらいいだけだ。

為替介入する際、実際のドル債の売却は財務省が日銀に指示して、日銀が売却事務を金融機関相手に行う。このため、相手の金融機関から為替介入があったことが分かるので、マスコミで報じられる。もちろん、少ないドル債売買で市場に影響させるために、この手法をとる。

含み益を実現益にするためには、ドル債の売却は金融機関相手でなく政府内の会計間取引でもいい。その場合、為替介入は事後的に分かるが、その時には分からない。国際的な為替操作を気にするのであれば、この手法でもいい。

（２０２２／10／24）

## 金融緩和否定論者とは

円安の進行を受けて、「国力低下の反映」「日本が安い国になった」など、金融緩和政策を否定的にみる論調が増えてきている。こうした見方は妥当なのか。

為替は二国間の通貨の交換比率なので、自由な資本移動の下で変動相場制であれば、基本的には二国のマネー総量の比になる。つまり、為替は二国間の金融政策の差というわけだ。それを「国力低下」などと情緒的に表現するだけでお里が知れる。

マネーの伸びと名目経済成長はかなり関係している。バブル崩壊前、日本のマネーの伸びはそこそこで、経済成長も良かった。1984～93年の統計数字をいえば、日本のマネーの伸びと名目経済成長は世界142カ国で相関係数（1が最大）は0・94。日本のマネーの伸びは小さい方から26位、成長率は25位と、先進国の中では立派な成績だった。

しかし、マスコミはバブルを悪いものとしていた。そして、マスコミに押されて、バブル潰しのために金融引き締めをして、それが正しいと思い込んだ日銀は引き締めを継続した。

その結果、1994～2013年、世界171カ国で相関係数0・79、日本はマネーの伸びも成長率も小さい方から数えて1位。マネーの伸びも成長も世界でビリになってしまった。

ちなみに、日本のマネーの伸びが低いと、モノの量はマネーと比べて相対的に多くなり、その結果、モノの価値が下がり、デフレになりがちだ。バブル潰しの結果、金融引き締めを継続したことが、デフレの原因だといえる。

アベノミクスは、それを是正するものだった。マネーの伸びは世界ビリから脱出したが、まだ十分とは言えない。ちなみに、13～21年で世界１６０カ国で相関係数０・８８、マネーの伸びは小さい方から数えて15位、成長率は同13位だった。先進国の中ではそこそこの数字だが、かつてには及ばない。

日本のマネーの伸びは、他国のマネーの伸びに比べて低くなるので、結果として円の他国通貨に対する相対量が少なくなり、円高に振れがちだ。バブル以降、デフレと円高が一緒だったのは、マネーの伸びが少なかったことが根本原因だ。

国内総生産（ＧＤＰ）をドル換算し、日本のランキングが下がったことで「日本は安い国」といい、円安を悪いものとして煽る論調もある。しかし、これまでの円高・デフレで成長が阻害された結果を表していると見たほうがいい。

金融緩和否定論者は、結局デフレ・円高論者でもある。そうした人たちは、金融政策が雇用政策であることも無視して雇用にも配慮がない。デフレや円高では苦しむ人が多くなり、国民全体の給与を意味するGDPも縮小気味だが、勝てる人も一握りいる。勝者は、苦しむのは能力のせいだと主張しがちだ。

問題なのは、官僚、学者、マスコミにもそうしたトンデモな考え方の人が少なくないことだ。かつて金融引き締め志向の日銀や緊縮財政至上主義の財務省が背後にいた。今でも、それらの引き締め、緊縮志向の人が多い。それが金融緩和否定論者の正体だ。

（2022/10/27）

## 「Zの言いなりだっただけ」

いわゆる「霞が関埋蔵金」について、民主党は政策の財源として掲げていたが、政権交代後は十分に出すことができなかった。その背景は何か。

筆者はツイッターで、埋蔵金について「民主党政権関係者は埋蔵金が出せず、あると騙されたという人もいるが、民主党はZによる事業仕分けやZによる消費税増税したくらいだからZの言いなりだっただけ。ちなみにオレは事業仕分けに参加せず消費税増税反対だったけど」と投稿した。ここでのZとは、財務省の意味だ。

そうしたら、意外なことに立憲民主党の原口一博衆院議員が、「確かに、反省している。あるはずの埋蔵金を出せずに、見当違いのところを掘り続けたからだ。後の方は、Zの言いなりの政治家が自爆装置のスイッチを押した」と返した。やはりだ。

それにしても、民主党内で消費増税で内部分裂していたのは知っていたが、「自爆」とはまさにそうで、政権を失った。筆者は「今国会での論議を期待しています」と返事した。

埋蔵金について筆者は、特別会計における資産負債差額で、使っても特別会計運営に支障の出ないものと定義している。

筆者が、小泉純一郎政権時代に着目したのは、財政融資資金特別会計、外国為替資金特別会計などだった。もちろんすべての特別会計を見ていたので、少額なものを含めれば、他にもたくさんあった。

民主党政権時代にも埋蔵金はなかったわけではない。国債整理基金特別会計にも10兆円弱程度あった。当時の野党議員が質問したが、民主党政権はやらなかったので、第2次安倍晋三政権になったとき、最初の景気対策で使った。安倍・菅義偉政権の時には、労働保険特別会計にもメスを入れて、景気対策に活用した。

岸田文雄政権でも、これまで経済対策を打ってきたが、先に書いたように補助金系ばかりで、その執行は必ずしもうまくいっていない。正確な数字は決算まで分からないが、筆者の直感などでは20兆円程度の使い残しがあるように見える。

そこで一般会計で29兆円の補正予算となり、その財源は23兆円程度が国債発行になると報道されている。今回の補正はこれまでの未消化分でかなりの程度予算を組めると思っていたら、さすがに未消化を前面に打ち出すのはまずいので、国債発行で対応するようだ。ということは、未消化分はまた埋蔵金になる可能性があるということだ。

このように埋蔵金は、その時々の財政運営や経済環境によって変わりうる。財務省によるフローの一般会計における各種の会計操作は、結局特別会計のストックによって調整せざるを得ないので、この点が筆者が特別会計の埋蔵金に着目するゆえんだ。

民主党政権では、政治家が役人みたいな些細(ささい)なことをやっていたが、残念ながら埋蔵金は出なかった。野田佳彦氏はかつて「シロアリ(天下り)を退治しないと増税は行わない」と言っていた。その心意気は立派だったが、結局、財務省の言いなりだった。

（２０２２／11／09）

## 「インフレ」指標もまだ低水準

内閣府が２０２３年２月14日に発表した22年10～12月期国内総生産（ＧＤＰ）速報値（第１次速報）は、物価変動を除いた実質の季節調整値で２四半期ぶりにプラス成長となった。

ＧＤＰを年率換算ベースで見ると、全体で０・６％増だった。新型コロナで大きく落ち込んだ20年４～６月期、その直後でリバウンドした７～９月期、10～12月期の後、マイナス、プラスと一進一退を繰り返している。22年10～12月期は順番のとおりプラスになったが、わずか年率０・６％だ。20年７～９月期以降のリバウンドの中では、最も小さい。

今期の内訳は民間消費が年率２・０％増、住宅投資が同０・５％減、設備投資が同２・１％減、政府消費が同１・３％増、公共投資が同２・１％減。そして輸出が同５・７％増、輸入が同１・６％減だった。

民間消費はＧＤＰ動向のカギを握るが、対前期比でみると、21年10～12月期の３・

0%増の後、22年1～3月期が0・9%減、4～6月期が1・6%増、7～9月期が0・0%となり、10～12月期は0・5%増だったが、好調とは言い難い。

住宅投資は6期連続のマイナスで低迷している。さらに今期は設備投資も3期ぶりにマイナスだった。公共投資も3期ぶりにマイナスだが、政府消費がプラスで、純輸出（輸出と輸入の差）がプラスになったので、政府部門と海外部門でかろうじて全体でプラスになった。

これまでの補正予算も執行で使い残しが出ている。２０２２年の会計検査院報告によれば、19～21年度におけるコロナ関連予算は、重複を除くと予算総額は94・5兆円、支出済額は76・5兆円で執行率は81%にとどまっている。21年度から22年度への繰り越しも13・3兆円もある。

公共投資は21年1～3月期から22年1～3月期まで5四半期連続でマイナスだった。22年4～6月期、7～9月期はプラスだったが、大幅減を補えない中、10～12月期もマイナスというのはおかしい。これは、予算不足というより、人手不足で予算執行がうまくいっていないのかもしれない。

実質ＧＤＰの水準をみると、コロナ前のピークが19年7～9月期の557・5兆円だった。今10～12月期を年換算すると５４３・６兆円で、まだコロナ前を回復していない。ＧＤＰギャップ（総需要と総供給の差）が存在しているため、エネルギー・原材料価格が上昇しても、欧米のような価格全般が上昇するインフレにつながりにくい。

23年１月20日公表の22年12月消費者物価指数は、生鮮食品を除く総合が４・０％上昇、生鮮食品・エネルギーを除く総合が３・０％上昇だった。日本では「インフレ」というが、二桁か一桁台後半の欧米と比べると、そこまでひどくない。内閣府資料には、インフレかデフレかを見るために最適といわれる「ＧＤＰデフレーター」が掲載されているが、四半期デフレーター原系列の前年同期比をみると、前７～９月期の０・４％のマイナスから、プラスになったものの１・１％しかない。これが安定的に２％を超えるまでは積極財政、金融緩和が必要だ。

（２０２３／２／16）

# 第7章　やさしい会計学と経済学

## 白川日銀と黒田日銀

日銀の営業毎旬報告によると、2021年末の国債保有残高が20年末比14兆円減の521兆円となった。年間で減るのは白川方明前総裁時の08年以来13年ぶりとのこと。率直にいえば、あの白川前総裁以来と驚く。白川氏といえば、日銀はインフレをコントロールできないという、いわゆる「日銀理論」の論者で、インフレ目標に頑強に反対してきた。

しかし、データをみると、白川日銀はうまくインフレをコントロールしたと考えている。問題は、約2％のインフレ率を目指す「インフレ目標」ではなく、インフレ率がマイナスの「デフレ目標」だったことだ。当時の日銀はインフレ率がプラスになろうとすると、見事なほど「逆噴射（金融引き締め）」して、結果としてデフレを維持し、雇用の安定も損なわれたと筆者は考える。

06年3月の福井俊彦元総裁時代の量的緩和停止を含め、白川日銀時代の金融政策のまずかったところは、日銀が保有する長期国債の残高を銀行券の発行残高の範囲内とする「銀行券ルール」に縛られ、結果として国債購入ができず、マネタリーベース（銀行券＋当座預金）の拡大ができなかったことだ。

当時の日銀は国債を買ったら財務省に「負け」だという、奇妙なメンタリティーを持っており、その感情に沿った「銀行券ルール」だった。しかし、マネタリーベースが長期的な物価動向に影響を与えるという標準的な経済理論からみれば、いわゆる日銀理論は、銀行券は日銀でコントロールできず、「銀行券ルール」の範囲内で国債を保有するので、マネタリーベースがコントロールできないと言っているのに等しくばかげた話だった。この「銀行券ルール」は黒田東彦総裁になってなくなった。

「銀行券ルール」で縛られた白川日銀は、マネタリーベースを増加させるために、国債購入ではなく金融機関への貸出増加を行った。ピーク時には、貸出のマネタリーベースに占める割合は４割程度だったが、十分なマネタリーベース増はなかった。黒田日銀は、国債増によってマネタリーベース増を行ったので、貸出はマネタリーベースの１割程度と安定していた。しかし、20年のコロナ危機以降、貸出は増加し、今や２割程度まで上昇している。

筆者の見るところ、黒田日銀も16年９月のイールドカーブ・コントロール（長短金利操作）導入以前までの金融緩和は良かったが、それ以降はいまいちだ。13年４月から16年９月までのマネタリーベース対前年同月比の平均は37％増だが、それ以降は

11％増にとどまっている。直近の状態は10％にも達していない。

政府の国債発行量が多くないので、マネタリーベース増を維持するために、コロナ危機を契機に貸出増となった事情もあるだろう。しかし、白川日銀のように、国債を買うと負けという旧日銀感情が出たゆえの貸出増なら、今後のマネタリーベース動向にとって良い知らせではない。


（2022／01／13）

## 表向き金融緩和でも事実上引き締め

日銀は2022年2月14日、10年物国債を0・25％の利回りで無制限に買い取る指し値オペを実施した。その背景と日銀の狙いは何か。

指し値オペの発動は2018年7月以来、3年7カ月ぶりだ。価格はクーポン、残存期間によって債券ごとに異なる。例えば、10年国債でクーポン0・1％、残存年数9・5年なら、利回り0・25％は債券価格98・6円に対応する。

通常の国債買い入れオペは、買い入れ対象の国債を示した上で金融機関などに希望する売却価格を提示してもらい、提示額が安い順に国債を買い入れる。

これに対し、指し値オペは日銀があらかじめ購入価格を決める。前に示した例の国債で、98・6円で日銀が無制限に買うので、市場では日銀より低い価格で買うといっても意味がなくなり、市場に出回る国債の価格は日銀の購入価格を下回らずそれ以上になる。要するに、市場の国債の利回りは0・25%以下になるというわけだ。

日銀の現在の金融政策は、イールドカーブ・コントロール（長短金利操作）といい、長期金利を0%にコントロールしている、これは16年9月から導入された。導入後に長期金利が上昇したことで分かるように、事実上の金融引き締め措置だったので、筆者はあまり評価していない。

18年7月、当初は目標値をゼロ%から上下に0・1%程度としていた長期金利の許容変動幅を、上下0・2%程度に拡大した。これも、長期金利の上昇の余地を与えたという意味では、実質的な金融引き締めだ。

さらに21年3月、長期金利の許容変動幅を上下0・25%程度に広げた。この範囲に長期金利が収まっている限り、日銀は国債を買う必要がないため、同年末の日銀の国債保有残高は13年ぶりに減少に転じた。金利上昇を容認し、国債購入が減っている現象は金融引き締めと言わざるを得ない。

長期金利は、他国の金利がインフレを背景として上昇傾向にある中、日本でも徐々に上がる気配がある。ここで日銀が長期金利上昇を容認するなら、日本経済に悪影響がある。

というのは、他の先進国、例えば米国では、ここ1年の長期金利は1・2％から2％程度に上昇しているが、インフレ率は1・5％から7％程度だ。一方、日本の長期金利は0・08％から0・25％程度で、インフレ率はマイナス1・2％からプラス0・8％程度。日米では、インフレ率の上昇度合いが違いすぎるので、金融政策も違うものにならざるを得ない。

米国で目標の2％を超えるインフレになっている理由は、総供給を上回る総需要の伸びだ。財政拡大とともにコロナ後への動きが進んでいることが背景にある。

だが、日本ではまだ総供給に総需要が達しておらず、インフレ率は目標の2％に届いていない状態だ。ここで、日銀はこれまでの表向き金融緩和といいながら事実上引き締めというセコい政策から脱却すべきだ。今回の指し値オペは、そのための第一歩としてほしいものだ。

（2022／02／18）

## 日銀審議委員人事に悪い予感

政府は、2022年7月に任期満了を迎える日銀の片岡剛士審議委員と鈴木人司審議委員の後任に、岡三証券グローバル・リサーチ・センター理事長の高田創氏と三井住友銀行上席顧問の田村直樹氏を充てる国会同意人事案を提示した。

高田氏はいわゆるエコノミスト枠、田村氏は金融機関枠だ。金融機関枠は、金融政策とは直接関係のない業界代表といえるため、ここでは高田氏に絞って考えてみよう。

高田氏は財務省の「国の債務管理の在り方に関する懇談会」のメンバーを務めた。その意味で、今回の提示は典型的な財務省人選だ。

2013年には『国債暴落――日本は生き残れるのか』（中央公論新社）という著書を出版している。単純な国債暴落論ではなく、中身はそう簡単に国債は暴落（金利は急上昇）しないということを主張したものだ。ただし、どこかのタイミングでは国債暴落（金利上昇）とも書いている。

高田氏は、国債が暴落しない理由として、①経常収支黒字②ホームカントリーバイアス（自国通貨志向）③財政規律の存在――を挙げている。

今はそうでもないが、将来には国債暴落もあり得る——というのは、財務省にとって好都合な主張である。そうならないために財政再建が必要だという流れになるからだ。高田氏は「財政規律は不可欠。消費増税は最低限の姿勢」との見解を示しており、財務省と同じ路線だ。

高田氏の財政状況の見方は、財務省と同じく、債務残高対国内総生産（GDP）比だ。この数字は悪いため、暴落もあり得るが、前述の3つの要因があるから、今のところなかなか暴落しないというものだ。

ファイナンス論からいえば、国債は政府の債務なので重要なのは政府の財政状況であり、国全体の話ではなく、①の経常収支は関係ない。②の自国通貨志向は多少あり得るが、どこの国でも同じことで決定的ではない。③について、消費増税が財政規律の表れというのは、バランスシート（貸借対照表）から財政状況をみるファイナンス論からすると、財務省を忖度（そんたく）しているように感じてしまう。

国債関係者は市場機能を重視するので、国債市場に日銀が出てくるのを伝統的に嫌ってきた。その意味で、大量の国債オペが伴う大規模金融緩和に消極的な人が多い。

今回の人事について、一部のマスコミは「非リフレ派」と報じている。「リフレ派」は、世界標準のインフレ目標に従って金融政策を考える人なので、非リフレ派が日銀に入ってはまずいのではないか。

国債関係者は、市場機能を重視し、インフレ目標について考えることが少ないと懸念している。

インフレ率は雇用と大きな関係がある。インフレ目標というが、裏を返せば、それを軽視するのは雇用軽視にもなる。今後の日銀人事によっては、かつての白川方明総裁時代の金融政策に逆戻りする予感がする。

（２０２２／03／07）

## 会計学としてナンセンス

２０２２年４月11日の参院決算委員会で、西田昌司議員が、政府の借金は日銀が保有する国債を除いて考えるべきだとの持論に、鈴木俊一財務相が、「その通りだなという気がする」と答えたと報じられた。

会計学やファイナンス論からいえば、政府の財政状況をみるには、連結された政府のバランスシート（貸借対照表）において、資産を考慮したネット債務額で判断するしかない。であれば、政府のバランスシートの右側に過ぎない借金残高だけを見るのはまったくナンセンスだ。

この話は、本書の読者なら、筆者が初めて政府の連結バランスシートを作成した1995年以来、一貫して主張してきたことをご存じだろう。経済学でも、「統合政府」といい、古くから知られた考え方だ。

この国際標準の考え方から、日本政府の財政状況をみておこう。分かりやすくするために、大ざっぱな概数で説明する。

連結政府のバランスシートでは、資産1500兆円（うち日銀保有国債500兆円）、負債2000兆円（うち日銀マネタリーベース分が500兆円）だ。ただし、負債のうち日銀マネタリーベースは形式負債なので考慮する必要はなく、ネット債務額はほぼゼロとなり、財政状況が悪いとはいえない。

政府（財務省）は「借金1000兆円」というが、それは連結バランスシートの一部でしかなく、しかも資産を考慮しないグロスなので、会計的には何を言っているのか分からないくらいだ。

ここで、借金1000兆円ではなく、日銀保有国債を除いて考えれば、500兆円になるので、今の1000兆円というよりましだ。この方法は、借金をきちんと理解する第一歩としては評価できる。

ちなみに、2017年3月、当時の安倍晋三政権で経済財政諮問会議に招待されたノーベル経済学賞学者のジョセフ・E・スティグリッツ教授も同様な話をしているが、ほとんど報道されなかった。

ちなみに、本書の元となった連載コラムでは、今は政府の基礎的財政収支（プライマリーバランス＝PB）で財政をみることも批判している。グロス債務対GDP比の変化は、「PB赤字対GDP比」と、「『前期のグロス債務対GDP比』に『金利から成長率を引いたもの』をかけたもの」との和になる。この意味で、PBは、グロス債務の動きを記述するための道具だ。

ネット債務対GDP比はどう決まるか。結論を簡単に言えば、前述の式から、中央銀行によるマネー増加対GDP比を引けばいいことになる。これは、国債残高から日銀保有国債を除くことに対応している。

財政といえば、昨年公表された矢野康治財務事務次官による月刊誌の論考は、会計への無知を露呈したものだった。

本来なら財務省自身が、矢野論文を撤回し、会計的に正しく見なければいけない。せめて、財政制度審議会の専門家が議論すべきだが、今のメンバーでは難しいだろう。であれば、国会での議論を大いに期待したいものだ。これまで、財務省の意見をうのみにしてきたマスコミも焦るだろう。

（2022／04／15）

## 立民「金利引き上げ論」の間違い

2022年5月26日の衆院予算委員会で、立憲民主党の泉健太代表が「物価高を止めるという意味では金利を少し引き上げることも選択肢に入れるべきではないか」と質問した。

金融政策の鉄則として「ビハインド・ザ・カーブ」というものがある。インフレ（物価上昇）に対して意図的に利上げのタイミングを遅らせることだ。逆にいえば、物価の上昇を先取りする予防的な利上げは行わないという伝統手法だ。

米国で実際に行われたので、米国のインフレ率の推移を見ておこう。全体の消費者物価指数の対前年同月比は、22年1月が7・5％、2月は7・9％、3月は8・5％、

4月は8・3％だった。エネルギーと食品を除く指数は1月が6・0％、2月が6・4％、3月が6・5％、4月が6・2％だった。

米国は政策金利を22年3月中旬に「0・0〜0・25％」から「0・25〜0・5％」へ、5月上旬にはさらに「0・75〜1・0％」へと引き上げた。米国で利上げに転じたのは、全体のインフレ率が8・5％、食品・エネルギーを除くインフレ率が6・5％になってからだ。

翻って、日本ではどうか。22年4月の消費者物価総合は前年同月比2・5％、生鮮食品・エネルギーを除く総合で0・8％だ。これらが米国並みに8％台と6％台となれば、さすがに利上げを考えるべきだが、当分その気配もない。というのは、日本では、GDPギャップ（総供給と総需要の差）が30兆円以上もあると考えられるので、多くの業界で需要不足である。そのため、原材料・エネルギー価格が上昇しても十分に転嫁できず、インフレ率が高騰するような状況ではないからだ。

この状況で、もし万が一利上げしたら、設備投資などの需要がさらに落ち込み、GDPギャップはさらに拡大する。GDPギャップが拡大すると、半年後くらいに失業率が高くなるだろう。と同時に、インフレ率は下がり、下手をするとデフレに逆戻りになる。また、利上げは円高要因になるが、それはＧＤＰを減少させ、雇用も失うことになるだろう。

これは経済協力開発機構（ＯＥＣＤ）の計量モデルでも確認できる。日本が金利を１％上昇させると、１〜３年間でＧＤＰは０・２％低下、インフレ率も０・１％程度低下する。

日本の内閣府の計量モデル（２０１８年度版）では、短期金利を１％上昇させると、１〜３年間でＧＤＰは０・１２〜０・２３％低下、消費者物価は０・０２〜０・０６％低下、失業率は０・０１〜０・０３％上昇と試算される。ＧＤＰギャップは０・１１〜０・１７％拡大する。

かつて、筆者はテレビ討論番組で興味深い体験をした。一緒に出ていた民主党（当時）の枝野幸男氏が「金利を上げた方が経済成長する」という独自の論を展開し、「テレビで言わないほうがいい」と諭したのだ。

野党の経済政策が頼りないのは、こうした間違いを平気で言うからだ。安全保障は「お花畑論」、経済政策も真逆という的外れの野党がいるおかげで、自民党は楽に参院選を戦えるのではないか。

（2022／06／01）

## ヘッジファンドと財政破綻論

日本の長期金利上昇（国債価格の下落）を見込んで、国債を売る海外のヘッジファンドが注目されていたが、ここにきて長期金利は下落基調だ。

まず日銀が現在行っているイールドカーブ・コントロール（長短金利操作）は、日本経済とりわけ雇用のための金融政策であるが、債券取引業者にとってはビジネスにならないのでつまらないものだ。これまでのデフレ経済で金利が低下（債券価格は上昇）傾向だったので、各金融機関で債券部門は稼ぎ頭だったが、今ではそうでなくなった。

一般的に金融政策は短期金利に介入するが、長期金利に介入しない。このため、長期金利はさまざまな思惑で変動する。そこに債券業者のビジネスチャンスがある。ところが、イールドカーブ・コントロールでは、少しでも長期金利が上がり出すと、日銀は国債を買うので、長期金利の変動幅はごくわずかになり、いわゆる「相場」になりにくい。

要するに、国債市場は、金融機関の「売り」に対して日銀の「買い」しかないので、相場が動かず、ヘッジファンドの妙味もないのだ。

そうした閉塞（へいそく）状態の中、一部のヘッジファンドが大量の「売り」を仕掛けてきた。もちろん、日銀はカネを刷れるので原資に困ることはあり得ない。ヘッジファンドが数百兆円も売り仕掛けをすれば、それに応じるためにインフレ目標を逸脱するかもしれない。しかし、それほどの巨額な売りは、空売りでもできない。

つまり、中央銀行を相手とするヘッジファンドに勝ち目はほとんどない。一つあるとすれば、中央銀行とはいえ、事実上、政府の子会社であるので、親元の政府が破綻するといった状況になることだ。

ヘッジファンドが売り仕掛けをするときには、「財政破綻論」がいろいろなところから出てくることが多い。財政破綻論に乗せられた「売り」の勢力を増やすためだろう。

財政破綻論は時々ぶり返す。2020年3月、新型コロナで大型補正との噂が広がると、財政破綻論が出て、日本国債の保険料に相当するCDS（クレジット・デフォルト・スワップ）のレートが、0・2%から0・4%まで一時的に跳ね上がった。今回も0・2%から0・3%まで上がったが、徐々に沈静化しつつある。政府と日銀を含めた統合政府でみれば、財務は健全で、破綻の兆候は全く見られない。

もう一つヘッジファンドに勝ち目があるとすると、泡を食った中央銀行が政策変更することだ。しかし、黒田東彦総裁体制の日銀は全く動じなかった。

そうした状況で日銀に売り仕掛けするとは暴挙と言わざるを得ない。当然のことながら、長期金利も急騰などしていない。

今回の背景としては、日銀の金融政策ではうまみがなくなったので、一発逆転のギャンブルに出たのだろう。だが、財政破綻もなく、黒田日銀も慌てなかった。ヘッジファンドが沈んだとしても自業自得と言わざるをえない。

（2022／08／02）

## 2012年の日銀議事録を読む

日銀は2012年1～6月の金融政策決定会合の議事録を公表した。物価上昇率を1%とする「中長期的な物価安定の目途」を導入した当時の日銀の議論はどんなものだったのか。

当時の日銀を取り巻く環境を振り返っておこう。民主党政権下で11年10~12月期の実質経済成長率は前期比2・3%減（1次速報）だった。消費者物価指数（除く生鮮食品）の対前年比はゼロ%付近。当時野党の自民党は、長引く円高とデフレの責任は日銀にあるとの立場だった。

12年1月、米連邦準備制度理事会（FRB）は2%のインフレ目標を導入し、先進7カ国（G7）でインフレ目標を導入していない国は日本だけになっていた。カナダは1991年、英国は92年、欧州中央銀行（ECB）は2003年にすでに導入していたからだ。

12年上半期の日銀金融政策決定会合の議事録をみると、山口広秀副総裁は「先月のFRBの決定をきっかけに、FRBとの比較に立って、われわれの政策運営は分かりにくいとの批判が相次いでいる」と指摘し、「理解」に代わる表現として「目標」「目途」「目安」を挙げた。その上で、内外経済の不確実性がある中で「固定的ないし硬直的な印象を与えがちな『目標』という言葉はできれば避けたい」と発言。「目安」も「あまりにふわっとして曖昧な印象」だと指摘した。他の委員から目立った反対はなく、「目途」が新たな名称になった。

あくまで、インフレ目標ではないことにこだわった。それは、日銀は何も変えなかったような印象を与えただけだった。

さらに滑稽なのは、目途として「１％」にもこだわったことだ。白井さゆり委員は「中長期的な物価安定の目安として、米国の２％と同様にすべきとの意見も聞かれるが、日本が他の主要国と異なる経済状況に直面している点が忘れられているのではないか」と指摘した。

２月14日、決定会合後の記者会見で白川方明総裁は「海外が２％だから日本も２％だと出した場合、それは現実の日本経済の特徴あるいはそのもとで形成された家計や企業の意識から離れていくことになる」と述べた。

この種の議論が公式の議事録で出ているということは、当時の日銀はインフレ目標の本当の意味を理解していなかったことが明らかだ。

私の連載コラムの読者であれば、インフレ目標は一定のフィリップス曲線（インフレ率と失業率の逆相関を示すもの）を前提として設定されていることをご存じだろう。つまり、金融緩和するとインフレ率が上昇し失業率は低下するが、失業率は一定以下にはならない。これは通常ＮＡＩＲＵ（インフレを加速しない失業率）といわれるが、その水準を達成するための最低のインフレ率をインフレ目標とするのだ。

当時の日銀はインフレ目標についてまったく理解不足だった。その程度だったから、「目標」とはいえずに、ごまかすような言葉遊びをしたのだろう。当然のことながら、金融政策としては落第だった。


（2022／08／03）

## 「金融政策の副作用」ではない

みずほ銀行が日銀に預けている当座預金の一部にマイナス金利が適用された。メガバンクでは、三菱ＵＦＪ銀行以来半年ぶりとのことだが、その背景は何か。

まず、日銀当座預金の利息を復習しておきたい。当座預金は、①0・1％の金利が付く基礎残高②ゼロ金利のマクロ加算残高③マイナス0・1％の金利が付く政策金利残高の3階層に分かれている。①②を上回る③の部分にのみマイナス金利を課されている。

2022年7月の日銀当座預金残高は515兆円で、①が207兆円、②が275兆円、③が33兆円となっている。

業態によって、マイナス金利対象の③は異なっている。運用先が比較的多い大手銀は③がほぼゼロだった。だが今回、みずほ銀行が③を出したのでニュースになったが、ゆうちょ銀行や信託銀行、外国銀行などはこれまでも③は多かった。

みずほ銀行の事情は、将来の金利上昇に備えて短期国債などの短期運用に傾斜していたが、短期国債の利回りがマイナス0・1%より低くなったので、短期国債の運用でなく日銀当座預金のマイナス0・1%のほうがましだと判断したのだろう。

一般的に金融機関は預金を集めて貸出に回す。2000年代初めのころ、預金で集めたカネの80%程度は貸出に回せていた。ところがデフレ下で企業などの資金需要がなくなるとその比率は低下し続けた。最近のコロナ禍でさらに事態が加速し、今や60%を切っている。貸出と預金の差額（預貸ギャップ）は現在430兆円もある。そのほとんどは日銀当座預金となっているわけだが、根本原因は企業の資金需要が出ないことだ。

これはマクロ経済での総需要の伸びが期待できないと解決は難しい。

マクロ経済での総需要のうち、民間部門の設備投資などは金融政策で、公的部門は財政政策で決まる。ただ、金融政策は比較的長期的なもので、短期的には財政政策の効果の方が大きい。緊縮財政では金融政策の効果も出ない。

いまだにGDPギャップ（総需要と総供給の差）を放置するなど、岸田文雄政権は財政緊縮モードなので、企業の資金需要が旺盛になる気配はほとんど感じられない。これは、海外要因でエネルギー価格などが上昇してもインフレ率が本格的に上がりにくいのと同根の現象だ。

世界ではマイナス金利の解除に向かう動きが広がっている。欧州中央銀行（ECB）は22年7月に0・5％の利上げを決め、8年間続いたマイナス金利を解除した。スイスやデンマークも同じだ。ただし、これらと日本が違うのは、GDPギャップの有無で、それに伴う物価上昇があるかないかだ。

一部の新聞では、金融機関の苦境を「金融政策の副作用」と言うが、本当の原因はGDPギャップの放置である。副作用をなくすために利上げすれば、GDPギャップは拡大し、事態はさらに悪化するだろう。その愚を犯さないためにも、積極財政の出番だ。

（2022／08／22）

## 「貿易赤字はまずい」は間違い

財務省が発表した２０２２年７月の貿易統計によると、輸出から輸入を差し引いた貿易収支は１兆４３６８億円の赤字で、７月として過去最大となった。12カ月連続の赤字とも報じられた。

このニュースを聞いて、貿易赤字はまずいという人は、経済学の初歩を勉強しよう。こういう人たちは、「貿易で儲かる＝黒字」「貿易で損する＝赤字」という貿易を行う企業で使われる黒字・赤字をそのまま貿易黒字・赤字と考えてしまっているのだろう。

そもそも貿易収支（経常収支でも同じ）の黒字を「得」、赤字を「損」と考えることは間違いだ。経済学では「重商主義の誤謬（ごびゅう）」といい、18世紀までは正しいと信じられてきたが、今では誤りだと分かっているので、大学の経済学講義にも出てくる。

貿易収支の黒字は輸出のほうが輸入より多いということを示しているだけで、別に国にとって得でも損でもない。たとえば商品の売買でみると、売る店が「黒字」で買う顧客が「赤字」になるが、店が得をして顧客は損をしたとはいわない。

国の経済状態は失業率と経済成長率でみることができるが、長期的には、経常収支の大小はその国の失業率と経済成長率の動向とは関係ない。たとえばカナダは長期間、経常収支赤字であったが、その間も経済成長していた。アイルランド、オーストラリア、デンマークなどの経常収支は第二次世界大戦以降、だいたい赤字であるが、それらの国が「損」をしてきたわけでもない。むしろ経済状況は良かったので、国民としてはハッピーだっただろう。

短期的には貿易収支はどう決まるか。輸出は世界経済に依存する。景気が良ければ日本製品を買ってもらえるので基本的に輸出は伸びる。ただし、そのときの輸出製品価格や為替レートも関係する。

輸入は国内経済による。国内景気が良ければ海外製品を買うからだ。もちろん輸入製品価格、為替レートも関係する。となると、国内景気のほうが世界景気より相対的にいいときに、輸出が伸び悩み輸入が好調となって貿易赤字が発生しやすい。

以上の一般論を踏まえて、最近の状況をみてみよう（注／22年8月23日時点）。この12カ月間の輸出の伸びの平均は16％、輸入の伸びの平均は39％だ。ざっくり言えば、エネルギー価格が世界で高まっていることを主因とし、多少日本景気のほうが世界景気よりましということだろう。

２０１０年1月から22年7月までの１５１カ月間のうち貿易赤字の月は約６割の89

カ月に及ぶ。つまり貿易赤字は珍しくない。貿易赤字そのものはたいした話でないことを考えれば、エネルギー価格が今後よほど高くならない限り、それほど悪い知らせではない。

貿易赤字が大変だと考えて円安是正などの下手な対策をすると、貿易黒字にはなるかもしれないが、経済成長が鈍化するので、してはいけない。一方で、エネルギーの海外依存を改めるための国内の原発再稼働などの策であれば、すぐに行うべきだ。

（２０２２／08／23）

**日銀の債務超過懸念に米財務長官は**

日銀が金融引き締めに転じた際、赤字や債務超過が懸念されるという説が話題になっているが、その是非はどうか。

景気が良くなれば国債金利が上がる（国債価格は下落。割引債なら金利１％で価格99円だが、金利２％なら98円）ので、国債を保有していた日銀は損失になるという論説だ。

実はこの種の議論は、20年以上前から行われている。かつてローレンス・サマーズ元米財務長官が来日したとき、日銀関係者から同様の質問が出たことがあるが、サマーズ氏は一言、「Ｓｏ　ｗｈａｔ？（それがどうした）」とあきれて返答したのだ。

説明は二通りある。一つは中央銀行だけでみる。中央銀行の負債は、ほぼ銀行券と当座預金で、銀行券はもちろん無利息・無償還だ。形式的に負債であるが、負担がないのだから経済的な意味で負債性はない。

当座預金は銀行券と完全に代替する。このため、これも本来は無利息・無償還だ。民間企業が民間金融機関に預ける当座預金をみればわかる。しかし、日銀の場合、民間金融機関への「お小遣い」として、２００兆円までは０・１％の利息をつけている。この付利は白川方明総裁時代に設けられたものであって、それ以前はなかった。本来の無利息であれば、債務超過という概念に意味はないが、仮に一定の債務超過になっても大したことはない。むしろ当座預金への付利を止めるべきだ。

もう一つは、中央銀行と政府を合わせるものだ。経済学者であれば、政府と中央銀行を合算する「統合政府」という考え方を知っている。その観点では、日銀の「資産」である保有国債の評価損は、政府の「負債」である国債の評価益となるため、合算してみれば問題ないとなる。

評価損益でなくても、結論は変わらない。中央銀行の国債購入は、カネを刷って行う。つまり、国債購入額は通貨発行益（シニョレッジ）の範囲内である。もちろん、実際の中央銀行の会計で通貨発行益が一気に発生するわけではないが、毎年の中央銀行の利益（それは政府に移転される）を合算すれば、基本的に通貨発行益となる。評価損が発生しても、それは通貨発行益の一部でしかなく、統合政府でみれば何の問題もない。

ベン・バーナンキ元米連邦準備制度理事会（ＦＲＢ）議長が来日したときにも、同じような質問があった。バーナンキ氏はサマーズ氏より親切丁寧なので、「心配無用だが、どうしても心配なら政府と日銀の間で損失補塡契約を結べばいい」と答えている。

このように、サマーズ氏やバーナンキ氏ら世界の碩学がすでに答えを出しているのだが、相変わらず20年ほど前に決着済みの問題が蒸し返されているのだ。

この種の議論は数年ごとにぶり返している。これは考え方の違いというより、まったく学習効果がないというか不勉強であり、会計などの無知をさらけ出しているだけだ。

（２０２２／08／31）

## 枝野氏発言と経済への理解度

立憲民主党の枝野幸男前代表が、２０２１年の衆院選で公約に掲げた消費税率５％への減税について「間違いだった」と発言したことが波紋を広げている。

もともと、枝野氏は消費減税に反対だった。党内には消費増税の立役者である野田佳彦元首相がいる。野田氏は当然のことながら消費減税に反対であり、党最高顧問であることを考慮し、枝野氏は昨年の国会演説の後で選挙の公約にはしないと言っていた。

しかし、21年6月の菅義偉内閣への不信任決議案提出の際、枝野氏は国会で消費税の減税をぶち上げた。同10月の衆院選で公約に盛り込み、共産党などとの選挙協力を進めた。立民の現執行部もこれを踏襲し、22年6月に消費税減税法案を他の野党と共同提出し、直後の参院選でアピールした。

しかし、ここに来て、枝野氏は消費減税と言ったのは間違いだと言っている。ブレるのは旧民主党のお家芸なのだろう。野田氏も「マニフェストに書いていないことはやらない」と言っておきながら増税した。

野田氏は、民主党政権で財務副大臣、財務相を務め、財務省に籠絡されたのかもしれないが、枝野氏はマクロ経済についてもともと独自の見方をしていた。一部の事実をマクロ経済全体と誤解していたようだ。今の「円安で大変」というマスコミ論調と似ている。

前にも述べたが、かつてテレビの討論番組で筆者は枝野氏と共演したことがある。その際、枝野氏は「利上げが経済成長要因となる」という趣旨の話をしたので、それを公共の電波で言うのはまずいと筆者はたしなめた。枝野氏は、利子所得者の購買力が増すから成長すると信じて疑っていなかったようだ。

そもそも論をいえば、資金を借りて事業を行おうとする者と、資金があり、それで消費する者を比べると、前者のほうが社会に活力を与えるので、利上げは経済成長の阻害要因だ。こんな話は、高校までの社会科でも習うことだ。

そうした教育を忘れて、一般人はしばしば目に見える範囲で考えがちだが、利上げで社会全体がどうなるかくらいは、政治家であれば、理解しておく必要がある。

もっとも、今でも「円安がけしからんから、利上げせよ」とのマスコミ論調もあるので、当時を笑えない状況だ。

「利上げで経済成長」は間違った考え方でもあるが、利上げ＝金融引き締めなので、財政緊縮とは相性がいい。なので、消費減税は悪いことという思い込みがあるのかもしれない。

しかし、いくらブレるのが旧民主党とはいえ、豹変ぶりは気になる。減税批判が首相退陣につながった英国の例を参考にしたのか。緊縮財政への先祖返りかもしれない。

だが、英国は、欧州連合（ＥＵ）離脱とロシアによるウクライナ侵攻によりスタグフレーションに陥っているため総需要管理政策が無効なだけであり、減税だけでなく増税も経済悪化になる。もし英国の例がブレの理由だったとすれば、マクロ経済への理解の程度をさらけ出すだけだが、どうなのだろうか。

（２０２２／11／10）

**「労働生産性」にはマクロ政策**

日本生産性本部が２０２２年12月19日に発表した２０２１年の労働生産性の国際比

較によると、日本は経済協力開発機構（ＯＥＣＤ）加盟38カ国中27位で、比較可能な１９７０年以降最低を記録したという。

労働生産性とは何か。ＯＥＣＤでは、就業者１人当たり、あるいは就業１時間当たりの成果として計算している。成果については付加価値（国レベルでは国内総生産＝ＧＤＰ＝をドル換算）としている。ドル換算としては、為替レートと、短期的な為替レートの変動を除去した購買力平価がある。この定義式を見ると分かるが、労働生産性は１人当たりＧＤＰとかなり類似した概念である。

ＧＤＰは実質か名目か、さらにドル換算の場合、購買力平価にするか為替レートにするかで差異はあるが、これまでの１人当たりＧＤＰのＯＥＣＤ加盟国中の日本の順位を見てみよう。ただし、過去にＯＥＣＤ非加盟だった国も加盟しているものとして計算する。

１９８０年から２０２０年まで10年ごとの日本の順位について、まず名目ＧＤＰでドル換算を為替レートとすると、１９８０年が27位、90年が12位、２０００年が２位、10年が13位、20年が19位だ。実質ＧＤＰでドル換算を購買力平価とすると、１９８０年が28位、90年が15位、２０００年が19位、10年が19位、20年が17位となる。

マスコミでしばしば話題になるのが、名目GDPを為替レートでドル換算した日本の順位だ。1990年以降、円高だったので、かなり上がっていた。デフレで経済成長が鈍化し始めたのが90年代後半なので、その影響がまだ出にくかったのだ。

しかし、2000年以降、つるべ落としのように順位を下げていった。実質GDPを購買力平価でドル換算した順位を見ると、同じ傾向ではあるが、それほど順位の変動は大きくない。

さて、労働生産性について、実質GDPでドル換算を購買力平価としてみると、日本の順位は1980年が33位、90年が28位、2000年が19位、10年が19位、20年が21位だ。

以上の統計から、生産性本部の発表を見るとどうであろうか。1970年以降最低というが、70年のOECD加盟国は21カ国、2021年は38カ国なので、両者で日本の順位を比較するのはミスリーディングだ。

筆者のデータも1995年以前はデータ欠落があるのであまり信頼できないが、95年以降でみると、GDPが伸びなかった分だけ、1人当たりGDPや労働生産性で日本は順位を下げているのが確認できる。

要するに労働生産性といっても、本質は１人当たりＧＤＰ、ひいては90年代半ば以降のデフレに伴う「失われた20年」によってＧＤＰが伸びていないということだ。これについては、日本のマネー不足が原因だと思っている。90年代以前、日本のマネーの伸びは先進国で平均的だったが、それ以降は世界でビリになったのが最大の要因で、マクロ政策の緊縮財政と金融引き締めによるものだ。

労働生産性というとミクロ対策が想起されるが、本質は適切なマクロ政策に尽きる。

（２０２２／12／27）

# 第8章　財務省論法

## 「資産は売れない」は嘘

岸田文雄首相は2025年度の基礎的財政収支（プライマリーバランス＝PB）の黒字化目標を維持すると表明した。経済財政諮問会議で示された中期財政試算を容認した形だ。

国の財政事情を正しく見るには、政府の「グロス債務残高」ではなく、中央銀行を含めた統合政府の「ネット債務残高」とすべきだと再三述べてきたが、筆者は旧大蔵省の官僚当時から主張している。

これに対する財務省の反論の一つは、「資産は売れない」というものだ。あるテレビ番組でも、財務省を代弁する識者がそう反論したので、次のように再反論した。「資産の大半は金融資産であるので『売れる』。天下り先への出資・貸出金なのでそれらを売ると天下りができなくなるので『売らない』のだ」

これに識者は驚いて何も言えなかった。それ以来、「資産が売れない」という財務省による反論はあまりみられない。会計に詳しければ証券化という手法があるし、なにより実際に売れるかどうかより、価値があるかどうかの問題だ。

もっとも、21年の矢野康治事務次官の寄稿も政府のグロス債務に着目し、統合政府のネット債務は無視している。

そこで出てくるのがPBだ。グロス債務残高の動きを見るには、PBは便利な指標だ。成長率と金利を所与とすれば、PBによって政府のグロス債務残高はある程度コントロールできるからだ。

しかし、統合政府のネット債務残高では、PBとともにマネタリーベース（日銀が世の中に直接供給するお金）の増加も必要だ。PBだけみていると、国だけでも20年度PB対国内総生産（GDP）比はマイナス9・3％と大きい赤字だ。それを25年度に黒字化しようとするのだから、大増税すると言っているようなものだ。

本当の財政状況である統合政府のネット債務対GDP比はほぼゼロである。20年度のPB対GDP比がマイナス9・3％としても、マネタリーベース増対GDP比はプラス19・6％だったので、合計すればプラス10・3％となる（前期債務残高対GDP比、前期マネタリーベース対GDP比、成長率、金利も影響があるが、今の時点では少ないので、ここでは無視する）。

これは、実質的なPBは実は黒字化していることを意味している。そのため、統合政府ベースのネット債務残高は減少し、ほぼゼロになっているのだ。

ＰＢ対ＧＤＰ比のマイナス９・３％を黒字化するなら大変だろうが、実はプラス10・３％ならもっと赤字でもいいとなる。

政府のグロス債務残高に着目するのは会計的にも誤りだし、間違ったＰＢ黒字化に向けて増税することは、かえって政府全体の財政健全化にならない。

通常国会が22年1月17日から始まったが、国会で財政健全化議論をしっかりやってほしい。特に、グロス債務残高だけで議論する財務省やマスコミの欺瞞を糺(ただ)すべきだ。そのグロス債務残高から出てくるのが、ＰＢ黒字化だ。

はっきり言おう。政府のＰＢ黒字化目標は会計的・ファイナンス論から完全に間違っている。

（２０２２／01／20）

## コロナで国の借金は大幅増か？

財政制度等審議会（財務相の諮問機関）の分科会で会長代理を務める日本郵政の増田寛也社長が、記者会見で「今後は債務償還の議論が重要になる」との認識を示したという。

まず現在の償還ルールを説明しよう。建設国債および特例国債の償還については、借換債を含め、全体として60年で償還し終えるという、いわゆる「60年償還ルール」の考え方が採られている。

これは、おのおのの国債が償還を迎えた際の償還財源に、定率繰入等による現金と借換債の発行収入金を一定の基準に基づいて充てる仕組みで運用されているものだ。具体的には、毎年60分の1現金償還され、残りの60分の59は借換債となる。この借換債も毎年60分の1が現金償還、残りが借換債となって、結果として当初債は60年で現金償還される。

この仕組みから分かるように、償還に問題が出るとすれば、借換債が順調に消化されない場合だ。それは政府の財務状況による。財務省の言うように政府の財務状況をバランスシート（貸借対照表）の右側の負債だけでみると、「悪い」となるが、それは再三繰り返しているように、会計無知の議論だ。

財務省は長年その論法で財政危機を煽ってきたが、マーケットから見るとお笑いだし、言ってきたことは間違っていた。財務状況は資産と負債の双方を含むバランスシートを見るというのが会計の常識だ。

こうした点から考えると、財政審分科会長代理の意見は不可解だ。コロナ禍に対応した巨額予算で国の借金が大幅に増えたというが、日銀を含めた統合政府のバランスシートにおける資産を控除したネット債務は悪化していない。

財政審委員は「学識経験のある者のうちから、財務大臣が任命する」（財政制度等審議会令3条）が、学識経験というより、典型的な財務省の代弁者が多い。財務省が会計無知なのは、以前から変わらないが、「学識経験者」まで同じだとすると情けない。

最近、政府の審議会の底の浅さが露呈している。新型コロナの政府分科会は、ピークの後に蔓延防止等重点措置の延長を決めた。欧州ではピークアウトとともに規制緩和なのに、日本ではピークアウトの時期すら分からないようだ。これで専門家というのはちょっと難しいのではないか。

専門家がどうかを見分ける基準として将来予測がある。四の五のご託を聞くより将来予測を言わせて、的中率を確かめた方が専門家を見分けられる。どのような科学でも、仮説や意見の適否は結果でしか判定できない。将来予測がうまくできるのは正しい思考法を行っているからだ。人物評価が仕事の政治家によく使われるやり方だ。

この厳しい基準からみると、財政審やコロナ分科会に専門家を探すのは難しい。もし、エセ専門家ばかりの審議会だったとしたら、存在意義を問われるだろう。

（2022／02／22）

## 「長期債務残高1000兆円」はミスリード

「国の長期債務残高が、2022年3月末時点で1017兆1072億円となり、初めて1000兆円を超えた」と報じられた。日銀が国債を購入していることと関連付けて「日銀依存が強まっている」と問題視する報道もある。

各紙の報道は、「国の長期債務残高」について、「税収で返済しなければいけない」という説明ぶりも似通っている。

はじめに、やや嫌味な疑問を書こう。「長期債務残高」とは何か。22年5月10日の財務省発表資料は、「国債及び借入金並びに政府保証債務現在高（22年3月末現在）」だが、その中には「長期債務残高」という項目はない。これは、財務省が使ってきた言葉で、各社もその通りに報じているが、内容に問題があると気がついた人はいないのだろうか。

かつて、長期債務は「普通国債と借入金の合計」としていたが、その当時はそれがほぼ長期債務だったのでよかった。しかし、普通国債のうち1年以内の短期国債を発行するようになり、「長期」の意味合いがずれていった。22年3月末現在、1年以内の普通国債残高は69兆円なので、「長期債務が1000兆円を超えた」というのはミスリードだ。

また、財務省の公表する「借入金」は、各省間のものが含まれており、国民負担から相殺する措置が必要だ。マスコミは各省間相殺前の数字で報じているので、これもミスリードだ。

以上の話は、公会計に基づく包括的なバランスシート（貸借対照表）を見ていればよく分かる。

もちろん、「借金だけでなく資産も考慮せよ」「政府単体だけでなく連結ベースで、日銀も含めたバランスシートで見よ」など、会計の王道も重要だ。そこではネット債務残高はほぼない。

それとともに、負債の内訳でもバランスシートを見れば、普通国債、財投債、政府短期証券、借入金、それら以外の債務――となっているのが分かるはずだ。

それらの数字のうち都合のいいものを組み合わせてマスコミをけむに巻きつつ、債務状況を語って、ありもしない財政危機を煽っているのが現状だ。

一方、安倍晋三元首相の「日銀は政府の子会社」という発言を問題視する報道もあるが、発言内容は正しい。安倍氏の発言は、①日銀が購入した国債について政府は利払いをするが、これは政府に戻ってくること②日銀が購入した国債について政府が償還する必要がない――というものだ。これらは制度として正しい理解だ。

世界標準では、中央銀行の独立性とは、「手段の独立性」だ。中央銀行は大きな目標について政府と共有しながら、日々の金利の上げ下げなどについて独立して行使する権限が付与されているということだ。

これは、民間の親会社が年に一度、経営目標を子会社に与えるが、日々の経営までは口出しせずに子会社に運営を任せるのとほぼ同じだ。しかも、現状ではインフレ目標を超えていないので、マクロ経済の点からも問題はない。

（2022／05／17）

**財務省論法は無理筋**

財務省は2022年5月20日、電車内で乗客を殴るなどしたとして暴行容疑で逮捕された小野平八郎総括審議官を官房付とする人事を発表した。事実上の更迭と報じられている。

財務省の総括審議官は、事務次官への最有力コースだ。担当は、国内経済一般である。表向き、日銀との調整事務もあり、かつては事実上、公定歩合を「決めて」いたこともあったが、1998年の日銀法改正以降は、形式・実質ともに日銀が金融政策を決めている。

最近では、政府の経済財政諮問会議関係が多い。22年5月16日に諮問会議で「骨太の方針」の骨子案が出された。

ただし、これは、「骨子」つまり項目だけであり、月内に原案をつくり、22年6月上旬に閣議決定される予定だ。

「骨太の方針」の策定に当たっては、当然のことながら、自民党との調整も必要だ。この7月（22年）に参院選があることから、自民党は6月までに公約を固める必要がある。

特に、自民党内では、財政に対する路線対立がある。

岸田文雄首相に近い「財政健全化推進本部」（額賀福志郎本部長）と、安倍晋三元首相に近い「財政政策検討本部」（西田昌司本部長）がある。

前者は財政再建路線、後者は積極財政路線であり、両者は基本的な方向が異なっている。

もっとも、7月の参院選を控えて、党内対立・政局になるのは自民党のためにならないので、両本部は政局にせず、「大人の妥協」をする方向で基本方針は固まっている。

争点となっているのは、「国と地方の基礎的財政収支（プライマリーバランス）を2025年度に黒字化する」という政府目標の取り扱いだ。

積極派の財政政策検討本部は22年5月17日、再建派の財政健全化推進本部に配慮した提言を出した。

一方、財政健全化推進本部は19日、従来の財務省方針どおりの「財政健全化の旗を降ろさず」という提言案としたが、異論が出たこともあって、決定には至らなかった。その後、本部長預かりとなって、政府の骨太の方針に取り込まれる予定だという。

財政健全化推進本部が22年5月19日示した案のドラフトは、どうやら小野氏がとりまとめの事務責任者だったようだ。

自分が作った案が財政政策検討本部の提言とならなかったことは、かなりのストレスになったとしてもおかしくない。ただ、現時点では事件の詳細は不明で、暴力は言語道断であることは強調しておきたい。

いずれにせよ、財務省は、会計に関する無知に基づく、独断的な財政危機を煽るのをやめるべきだろう。でないと、本当の財政の姿を国民は理解できない。

財務省職員に言っておきたいが、財務省論法を通用させるのはもう無理だ。それでも省益のために働けと言われたら、仕事を考え直すのが、国民のためになるのではないだろうか。

（2022／05／25）

## 露骨すぎる財政審「歴史の転換点」

財務省の財政制度等審議会が「歴史の転換点における財政運営」とする建議を行った。

財政審の建議は、形式的には審議会委員が起草しているが、財務省の考えそのものだといえる。

その内容は、ズバリ財政再建で、「歴史の転換点」というのは、長期にわたった安倍晋三・菅義偉政権が終わったので、再び財政再建路線にかじを切りたいという思いがうかがえる。

安倍・菅政権は、経済を中心とする「経済主義」と、財政が中心の「財政再建主義」との対立概念からすると、経済主義の側だった。財政再建至上主義の財務省としては歯がゆかったのだろう。

財務省の意向が通りやすい岸田文雄政権になったので、官邸に気兼ねせずに財政再建主義を露骨にしたともいえる。

今回の建議では、財務省の従来の考え方がストレートに出ている。総論を見ても、グロス公債等残高対国内総生産（ＧＤＰ）比について、日本が他国に比べて格段に大きいことが問題であるとしている。

グロス公債等残高対ＧＤＰ比の動きと、プライマリーバランス（基礎的財政収支）対ＧＤＰ比には、金利・成長率などを所与とすれば一定の関係があるので、「プライマリーバランスを黒字化」することによりグロス公債等残高対ＧＤＰ比が発散しない財政運営という「目標」が出てくる。

もちろん、こうしたグロス公債等残高対ＧＤＰ比に着目した財政運営方針は、安倍・菅政権でも骨太方針では書かれていた。しかし、景気対策時には、それらを無視して、適切なマクロ経済運営が行われた。安倍・菅政権での「総額真水１００兆円」の補正予算において、日銀を含めた「統合政府」でのネット公債等残高対ＧＤＰ比を増大させない運営方針だった。

それを、安倍元首相は「政府・日銀の連合軍」と表現し、先日話題になった「日銀は政府の子会社」発言と同じことを実際の政策で行った。

財務省は、安倍氏の首相在任時には文句を言わなかったが、首相退任後に話したら否定したわけで、これほど分かりやすい例はない。もはや安倍・菅政権でないという意味で、「歴史の転換点」なのだ。

各論でも、防衛に関する部分が興味深い。欧州諸国で国防費の増額を表明する国が出ているが、それは平時において財政余力を確保してきたからだとしている。その裏には、増税への思惑が見え隠れしている。

欧州には欧州中央銀行など国際機関が多くあり、各国の財政のオフバランス化に貢献してきた。たとえば、欧州中銀が各国国債を金融緩和などのために購入すると、日本や米国、英国と同じように、国債の利子・償還負担はなんらかの形で軽減するはずだ。その事実を無視して、税収だけで財政余力があるかのように説明するのはあまりに財務省のご都合主義だ。

防衛費の一定部分は、今の財政制度の下で建設国債を活用してできるものもある。ネット公債等残高対GDP比を増大させないというまともな方針なら、できることは少なくない。

（2022／05／31）

## 財務省の「猿芝居」

政府の経済財政運営の指針「骨太の方針」では、原案に2025年の国と地方の基礎的財政収支（プライマリーバランス＝PB）黒字化目標が盛り込まれなかったことで騒動となった。

これを、財政再建への姿勢が弱まったように報道するマスコミもあった。しかし、これは財務省の「猿芝居」だった。たしかに、「2025年度の国・地方を合わせたPB黒字化」は消えているが、そのほかのところで、「本方針及び骨太方針2021に基づき、経済・財政一体改革を着実に推進する」と書かれている。「骨太2021」では、しっかりと「PB黒字化」が書かれているので、何も変わりはないのだ。

かつてであれば、これで自民党もマスコミもだまされて終わる。しかし、今回は、マスコミは相変わらず節穴だったが、自民党は違った。何も変更がないことを目ざとく見つけている。

自民党内で重要な役割を果たしたのは、財政政策検討本部（西田昌司本部長、安倍晋三最高顧問）や責任ある積極財政を推進する議員連盟（中村裕之共同代表）だ。

もっとも、財務省も「猿芝居」がバレても、必死に抵抗したようだ。というのは、今の政権を率いているのが親族らに財務省関係者も多い岸田文雄首相だからだ。

菅義偉政権のときには、だんまりを決め込んでいた矢野康治財務次官が、岸田政権になった途端に月刊誌で持論を言い出した。財政に関する認識について問題点が多かったが、岸田首相は不問に付した。

今の世界情勢では安全保障に手を抜けない。来年度予算で、今の財政再建路線の堅持では、世界に太刀打ちできない。

再三述べたように、今の財務省のいうＰＢは基本的に間違っている。政府部門だけでＰＢを算出しているが、筆者が指摘したように、全ての政府部門のＰＢを計算しないと、本当の財政の姿は分からない。

ちなみに、筆者のような包括的なＰＢでみると、既に財政再建は終了の状態になっている。財務省のような間違った財政の見方で財政運営をしたら、国を滅ぼしてしまうだろう。

はっきり言って、最近の財務省はたるみ切っている。先日の財務省高官の逮捕、国税庁職員による補助金詐取といった問題をみても、ちょっと考えられないほどだ。

財務省改革には、主計局の分離などいろいろなものがあるが、筆者が最も効果的だと思うのは、国税庁の分離、年金機構の徴収部門と合体した「歳入庁」の設置だ。この考え方は、世界標準でもある。

税と社会保険料は法的には同じであり、一緒に徴収するのが世界では当たり前だ。と同時に、国税庁の財務省からの支配を取り除き、税の徴収のプロとしての人材有効活用にもなる。

この案は、かつて民主党政権で公約にもなっていた。ところが、財務省の巻き返しで消えていったものだ。これをどの党が実行できるかどうかが、日本の今後を占うものといってもいいだろう。

（2022／06／09）

## 積極財政派に示した修正内容

岸田文雄内閣は2022年6月7日、「経済財政運営と改革の基本方針2022」（骨太2022）を閣議決定した。

先に、財務省は2025年度の基礎的財政収支（プライマリーバランス＝PB）黒字化目標の記述を落としたかのように見せて、別のところで「骨太方針2021に基づき」と盛り込み、姑息な手段で財政健全化目標を堅持すると指摘した。

その後の調整で、最終的には「重要な政策の選択肢を狭めることがあってはならない」との文言が入った。これは、財政健全化目標の例外があり得ると読めるので、かろうじて防衛費などの大幅増額の余地ができたのは評価できる。

もっとも、筆者は防衛費の増額について、骨太2022が想定している23年度予算ではなく、22年度の補正予算で対処すべきだと考えている。22年度予算は21年12月に原案が作られたもので、ウクライナ情勢は全く考慮されていない。なので補正事由になり一刻も早く対応すべきものだ。この点は、参院選の争点とし、参院選後に早急に対処することが望ましい。

財政健全化目標の扱いに関して、財務省は驚くべき修正内容を積極財政派の議員に示した。それは、歳出を増額するときには財源を示せという「ペイ・アズ・ユー・ゴー原則」というもので、経常的経費などで用いられるものだ。これで財務省は「歳出増には増税」と言いたいのだろうが、投資的経費であれば国債発行も財源になるので、全て増税になるわけではないことを知っているはずだ。

骨太方針では、人への投資で予算措置し、脱炭素は10年間で官民150兆円規模を投資するとして、政府は「GX（グリーントランスフォーメーション）経済移行債（仮称）」を発行し、民間の投資を呼び込むという。この投資重視の方向は評価できる。ただし、脱炭素で政府の支出が20兆円程度だというのは呼び水として少なすぎる。

政府の投資採択の際、将来便益とコストの計算根拠となる「割引率」が4％と高すぎるのが問題だ。この基準は十数年前、当時の金利環境から設定されたが、今も使われているのは驚きだ。

これでは現在の低金利環境を生かせず、必要投資額を確保できるはずがない。この問題は数年前に問題提起され、国土交通省内で検討会が設置されたはずだが、２年ほど前から、「検討」しているのかどうかさっぱり分からない休眠状態だ。

役所サイドで動けないなら、政治で責任を持って動かすべきだ。ちなみに、諸外国では通常金利環境に応じて機械的・定期的に見直されている。

投資のための国債発行については、今のＰＢ算出でも対象外とするのが正しい。ちなみに今でも財政投融資対象の財投債は対象とされていない。それであれば資産の見合いがある建設国債についてもＰＢ対象外としないとつじつまが合わなくなる。

骨太方針の投資重視はいいが、それを実務に落とし込むには多くの障害がある。そうした障害の除去も大切になってくるだろう。

（2022／06／13）

# 第9章　アベノミクスと安倍総理の功績

## アベノミクスの功績

安倍晋三元首相の大きな功績の一つがアベノミクスだ。①金融政策②財政政策③成長戦略という構成で、①と②がマクロ経済政策、③はミクロ経済政策といずれも世界標準である。特に、①を筆頭に掲げたのは日本史上初めてで、世界からも認知された。日本のマスコミではあまり報じられなかったが、ノーベル経済学賞受賞のポール・クルーグマン氏らも高く評価していた。

その実績も、国民にとって最も重要な雇用の確保において、歴代政権の中でも断トツの成績だ。マクロ経済は雇用の確保のためにあると言ってもいい。

雇用の確保は、失業率の低下と就業者数の増加で見ることができる。戦後の統計でみると、歴代政権の中で、安倍政権は失業率の低下が1・5%で第1位、就業者数の増加が400万人で第2位の実績だ。

雇用については就業者数、正規・非正規雇用の増加、名目賃金で、民主党政権とは段違いに実績がいい。実質賃金では多少見劣りがするが、これは雇用回復期に見られる現象であり、もう少し時間があれば、雇用回復のペースから考えてもいい成績になっただろう。政策の方向性は正しかったと評価できる。

外交・安全保障でも安倍政策は傑出していた。1次政権のころから温めていた日本、米国、オーストラリア、インドの4カ国による戦略的枠組み「クアッド」や「自由で開かれたインド太平洋」という言葉は、これからも国際政治で色あせることはないだろう。

国際会議での安倍元首相の存在感はこれまでの日本の首相にないものだった。日本では「タカ派」的な扱いがなされていたが、実際は安全保障面でも世界標準だった。

筆者は、安全保障論を米国留学で学んだ。安全保障では、戦争確率をどのように減らせるかが重要だ。大きい要因を言えば、①相手国が民主主義国②防衛力のアンバランスがないこと③同盟関係があることだ。日本の周りには、非民主主義国で核兵器保有国が中国、ロシア、北朝鮮と3カ国もあり、戦争確率の高い地域だ。防衛力のアンバランスが拡大中で、これも戦争確率を高めることになる。

日本の頼みの綱は日米安保条約しかなく、その強化のために安保法制が不可欠だと説明したら、安倍氏は興味を持ち、「安保法制が戦争確率を高めるなら当然反対だが、低めるならやらなければいけない」と言っていた。

今回ロシアによるウクライナ侵攻や、北欧2国の北大西洋条約機構（NATO）加盟といった状況をみても、安倍政権は国内政策も対外政策も日本初の国際標準といえるものだった。

なにより、今回の悲報を受けて世界の指導者から温かいメッセージとともに国際的な指導力を高く評価する声が殺到したので、誰でも安倍元首相が偉大であったことが分かったはずだ。

なお、一部マスコミは、いまだに「モリ・カケ」を疑惑だと報じるが、あれだけ時間をかけて何も出なかったものを疑惑とは、もはや名誉毀損に近いのではないだろうか。

（2022／07／13）

## 世界標準のアベノミクスを継承せよ

安倍晋三元首相亡き後、金融緩和政策や積極財政政策を続けるには何が必要か。政策が変更した場合、日本経済はどうなるのか。

安倍元首相の存在感はあまりに大きかったので、誰かがそう簡単に代われるものでない。だが、アベノミクス自体は世界標準のフレームワークである。特にアベノミクスの特徴であるマクロ経済政策は世界どこでも同じだ。なので、筆者はきちんと継承されると信じている。

ただし、勉強するだけなら誰でもできるだろうが、日本において政策を実行するためには、残念ながら政府（財務省）、日銀という巨大組織を政治的にうまく動かさないといけない。そのためには、定見と指導力のある政治家の存在が必要だ。

幸いなことに安倍元首相は、インフレ目標の導入とともに日銀人事をうまく行った。これは有力な先行事例になるので、後に続く政治家が出てくるだろう。

問題なのは、財務省だ。財務省のほうが日銀よりはるかに政治的な組織で政治機構の中枢であるので、その改革は難物だ。

筆者は、財務省が財政データに基づかずに財政危機を煽ってきたことを長年主張してきたが、最近これに賛同する政治家が増えつつある。いつかは、安倍元首相のように財務省をも説得できる政治家が出てくることを期待したい。

現下の経済情勢で、円安是正のために金融引き締めすべきだとの意見も出始めている。出所の多くは市場変動でひと山当てたい市場関係者で、日本経済を考えたものとはいえない。

もし金融引き締めすれば、たしかに円高になるだろう。しかし、円安で日本の国内総生産（ＧＤＰ）が増大するというメリットが失われる。それは、ＧＤＰを減少させ、いま30兆円程度あるＧＤＰギャップ（総需要と総供給の差）をさらに拡大させ、雇用を失わせるだろう。いまデフレから脱却しつつあるが、再びデフレに逆戻りしかねない。

さらに、財務省がひそかにたくらむ「コロナ増税」もＧＤＰ減少要因となる。コロナ対策は、安倍元首相のいう「政府・日銀の連合軍」で実行された。発行された１００兆円は最終的には日銀が保有しているので、償還負担も利払い負担もない。これを安倍元首相は、「日銀は子会社のようなもの」と比喩したが、その部分だけがマスコミで批判され、安倍元首相が言いたかった肝心要の「債務負担も利払い負担もない」はすり替えられた。安倍元首相の発言を否定したのは財務省であり、コロナ増税の思惑が見え隠れしている。

１９９０年代以降、日本のＧＤＰ（および給料）が増えなかったのは、日本全体のマネー不足だ。これは、世界の中でも日本のマネー伸び率は極端に低いためで、マネー伸び率と経済成長率との間に一定の相関があることからもわかる。

その原因は、日銀の金融引き締めすぎと財務省の財政引き締めすぎである。アベノミクスを継承しないと、金融と財政の引き締めが復活して、日本は新たに失われた時代になるだろう。

（2022／07／14）

## 学生は分かっていた「安倍政権のおかげ」

野党第1党の立憲民主党は参院選で改選前から議席を減らした。次の参院選や衆院選に向けて党勢を回復させるには何が必要なのか。

第2次安倍晋三政権での国政選挙は政権奪還時を含めて6回あった。いずれも安倍政権が勝利した最大の要因について、筆者は雇用の確保が功を奏したからだと思う。

雇用の確保は、失業率の低下と就業者数の増加で見ることができる。戦後の統計でみると、歴代政権の中で、安倍政権は失業率の低下1・5％で第1位、就業者数の増加400万人で第2位と、トップの実績だ。

生前の安倍さんに筆者が話すと喜んだのは、学生の就職率が安倍政権になってから良くなったことだ。一流大学では、景気動向にかかわらず就職率は高いが、下位大学では、民主党政権時代の就職率は60％台のところもあった。それが安倍政権になると100％近くにまでなった。

これが安倍政権のおかげであることを学生自身がよく分かっていた。というのは、その間、学生の学力が向上したわけでもなく、ただ政権が変わったことだけが違ったからだ。

雇用市場では、既に就職している人が影響を受けることはよほどのことであるが、新卒者の就職市場は外部環境にかなり敏感に反応する。

では、雇用を確保するための国際標準政策は何かといえば金融政策だ。金融政策は、インフレ率の管理を目的とするが、インフレ率と失業率は逆相関の関係なので、失業率を管理するともいえる。インフレ目標は、失業率を下げたいが、あまり過度なインフレになるのを防止する仕組みだ。

要するに、金融政策は雇用政策なのである。安倍さんは、この金融政策にいち早く着目した政治家だった。そこで、アベノミクスの第1に金融政策を据え、実際に雇用の確保の実績を示した。

立民は参院選の中でも、「円安是正のために利上げせよ」とか、政策の方向性が全く間違っていた。左派系マスコミでは、いまだにアベノミクスを「負の遺産」というところもある。要するに、本来雇用を守るべき左派の立民や左派系マスコミが、真逆な政策を主張しているのが日本の現状だ。

世界的にみると、金融政策は雇用政策なので、まず左派政党がそれを主張し、正しい政策なので保守政党がそれに追随する。そのため、筆者が保守政治家の安倍さんに金融政策を説明するのは少し躊躇（ちゅうちょ）があった。しかし、リアリストでもある安倍さんからは「気にする必要はない」と言われた。

左派の立民が、アベノミクス批判を展開し、雇用を守らない政策を今でも公言している以上、党勢を回復するのは不可能であろう。少なくとも、アベノミクスを認めて、金融政策を中心として雇用の確保に努める覚悟を示さないとダメだ。

雇用を守るという点について、もっと真剣に考えないと、誰も立民に政権を任せられないだろう。

（2022／07／19）

## アベノミクスはこうして始まった

安倍晋三元首相は「アベノミクス」の金融政策について、どのように関心を持ち、政策として掲げるようになったのか。経緯を振り返っておこう。

安倍さんから金融政策について話を聞かれたのは、2000年8月に日銀が行ったゼロ金利解除への疑問だった。

筆者は01年7月に米国から帰国後、竹中平蔵経済財政担当相の指示で経済財政諮問会議の手伝いをしていた。ある時、官房副長官だった安倍さんからゼロ金利解除について聞かれ驚いた記憶がある。当時、金融政策に関心のある政治家などほとんどいなかったからだ。小難しい話だし、票にならないという感覚だった。筆者は、ポール・クルーグマン教授から筆者に送られた私信も紹介し、「ゼロ金利解除は失敗だった」と説明した。

安倍さんがなぜ金融政策に関心を持ったのかについて、直接本人に聞きそびれてしまった。筆者の推測であるが、安倍さんはもともと判官びいきのところがある上、選挙で落選する心配がないから、金融政策や安全保障など票にならないが重要な分野をやるべきだという使命感があったのではないだろうか。

安倍さんが自民党幹事長や官房長官になってからも、しばしば金融政策のことを聞かれた。金融政策は雇用政策でもあるので、米連邦準備制度理事会（ＦＲＢ）には「雇用確保」と「物価安定」の二重の責務があることを伝えた。

中央銀行の独立性とは「手段の独立性」であること、つまり、政府はデフレ脱却など大方針を中央銀行に言うことができ、総裁らの人事を行えるが、金利の上げ下げなど日常のオペには口出しできないことも説明した。安倍さんは「『手段の独立性』は大きな話しかできない政治家にとって好都合」と笑いながら応じてくれた。

筆者は、金融緩和をすると、すぐに株価が上昇反応し、半年くらい過ぎると雇用（就業者数）も増える傾向があるとも言った。戦後の高度成長の大きな要因の一つに円安があったとも述べた。

06年3月に日銀が量的緩和政策を解除した際、政権末期だった小泉純一郎政権は異を唱えられなかったが、筆者は解除後の経済動向を予測した。安倍さんから後日、「かなり当たったね」と言われ、国会答弁などでも話していた。

金融政策は雇用政策でもあるので、世界を見ると左派政党がはじめに主張することが多い。その点についても確認したが、リアリストの安倍さんは「全く問題ない」と明言した。「野党はまだやっていないね」との確認も怠らなかった。

安倍さんはうのみにせずに自分で咀嚼(そしゃく)して言葉に出す政治家なので、筆者だけでなく色々な専門家を通じた議論を経て、金融政策、財政政策、成長戦略で成り立つアベノミクスが徐々に形成されていったのではないか。

第2次安倍政権の半ばからは金融政策については官僚答弁なしで答え、国会論戦でもほぼ無敵状態だった。ノーベル賞受賞後に来日したクルーグマン氏も舌を巻くくらい、安倍さんはよく勉強し、完璧な理解だった。

（2022／07／20）

## 戦後の虚像を打ち砕いた安倍元首相

安倍晋三元首相の功績については世界各国で称賛されているが、国内の左派やリベラル勢を中心に「アベ政治を許さない」などと露骨に嫌う人も目立った。安倍氏に反発するメディアも少なくなかったが、安倍氏はそうした人たちのどこを刺激したのか。

これまで何度も指摘しているが、安倍氏は、経済政策では雇用確保の実績はピカイチだった。安全保障では、西側政治家の中で誰よりも早く専制国家中国の脅威に気づいて日米豪印の戦略的枠組み「クアッド」に動き、同盟（集団的自衛権）の重要性から安保法制を作った。

重要なのは、これらの経済政策や外交・安全保障は世界標準なので、世界からの評価を得やすかったということだ。経済政策は、複数のノーベル賞受賞者や世界的に著名な経済学者から、外交・安全保障も各国首脳から評価されている。

それらの実績は左派を震撼させた。雇用の確保は左派の根幹思想であるが、保守の安倍氏はそのお株を奪った。雇用を確保できたのは左派政権ではなかったと左派を圧倒したのだ。

外交・安全保障でも、左派の心のよりどころである中国の野望を分かりやすく世界に暴いてしまった。さらに、左派の「お花畑論」も安保法制で崩し、今回のウクライナ危機で「お花畑論」の欺瞞が皆に知られてしまった。

要するに安倍氏は、左派が信じて築き上げた戦後の虚像を、実績により見事に打ち砕いてしまった。言い換えれば、左派は安倍氏に経済も安全保障も完膚なきまで打ちのめされてしまったということだ。

左派がいくら言い訳しても、対安倍氏での国政選挙６連敗は否定できない。国民は、左派より安倍氏を選んだ。雇用も国も守るのは左派ではなかった。

雇用と外交・安全保障という政策で完敗した左派は、「モリ・カケ・サクラ」というスキャンダルで安倍氏を攻めるしかなかった。しかし、その結果も左派にとって無残なものだった。

モリ・カケでは安倍氏への嫌疑はまったく出なかった。財務省による公文書改竄（かいざん）があったが、当時の財務官僚が自らの国会答弁ミスを糊塗（こと）する保身によるものであり、安倍氏には無関係だ。

サクラでは、安倍氏の秘書に対する政治資金規正法違反罪（不記載）のみで、安倍氏は不起訴だった。これらが司法による結果の全てである。

安倍氏については、国内では、左派メディアの影響で「モリ・カケ・サクラ」のマイナスイメージが強かったが、海外では経済、外交・安全保障での成果で高い評価になる。今回、この好対照があらわになった。

これは、安倍氏を嫌ったのがどういう人々であったのかをも明らかにしてしまった。

国内でも安倍氏の献花に訪れた人は多く、一部左派メディアの報道に影響を受けなかった人も多かったことは明白だ。

逆に安倍氏を嫌った人たちは、その活動や声が大きかった割には、少なかったことも分かってしまった。

（2022／07／21）

## 防衛国債は平和への投資

終戦から77年が経過し、日本周辺の安全保障環境は緊迫度を高めている。防衛費の増強については安倍晋三元首相が生前、「防衛国債」を主張していた。

日本経済新聞に興味深い記事があった。米欧が用いる北大西洋条約機構（NATO）基準なら海上保安庁への予算は防衛費との位置付けになるので、今の防衛費の国内総生産（GDP）比は0・95％だが、NATO基準なら1・24％になるという趣旨だ。

これは、よく財務省が持ち出す話で、現状でGDP比1％を超えているのでそれほど増やすことはないと説明する際に使われることが多い。

滑稽だったのは、同じ財務省の言い方で、「海保の船は建設国債対象」だが、「海自の船は建設国債対象ではない」との話が掲載されていた。そのロジックは、海保の船は持続して使える年数が比較的長いが、海自の船は有事の際に攻撃を受けるため長く使用できないからだという。

さすがにこれに対し、小野寺五典（いつのり）元防衛相は「防衛予算は国債にはなじまないという話だが、海保の船は建設国債でつくる。もう少し普通に考えたほうがいい」と批判している。

いずれにしても、財務省は、都合よくNATO基準や耐用年数を使って、マスコミや一般人をだまくらかしている。

筆者が種明かしをしよう。まず、建設国債、特例国債と分けるのは先進国では日本だけという事実を押さえておきたい。海外でもかなり昔はそうした区分のあった国もなくはないが、債務の区分に意味がないため50年ほど前から廃止されている。なので、欧米では耐用年数により建設国債対象か否かという議論がそもそもない。

そして財政状況は、建設国債、特例国債など全ての国債について統合政府での資産を控除したネットベースでみて、資産負債の総合管理の中で負債管理を行う。耐用年数の長短は資産価値の動向に多少関係するだけなので、各種の政府意思決定への影響はマイナーなものだ。

防衛費は隣国などとアンバランスになるほど戦争確率が高まる。その意味で、隣国や世界情勢次第で防衛費が決まるのが一般的だ。それを税収か国債で賄っている。

日本を取り巻く状況をみると、ロシア、北朝鮮、中国と核兵器保有国が３つもある。しかも、これらの国は非民主主義国であり、かつて哲学者のカントが喝破したように、日本の事情にかかわらず、戦争確率は高くならざるを得ない。

日本の安全保障上、ＮＡＴＯ基準であっても、ＧＤＰ比３％以上が必要でもおかしくない。それでも世界で30位程度のポジションだ。

この観点から「防衛国債」を考えると、抑止力がある防衛費の達成のため最善の手法だ。会計的にみると、戦争時には資産の毀損（きそん）があるが、それは他の政府資産と同じだ。平時には「抑止力」となって戦争確率を減少させる。つまり、平和への投資ともいえるので、財政悪化リスクは少ない一方、安全保障上のメリット大だ。

（２０２２／08／15）

## マスコミが知らないマクロとミクロ

安倍晋三元首相をめぐっては、その功績に疑問符をつけようとする論調も国内の一部にある。しかし、経済政策をみても、在任中に金融政策で雇用を大きく改善したことは事実であり、また、大規模な財政支出を訴えていたのは慧眼だった。

政府の経済政策として、何を達成すべきか。この答えは、全ての先進国でほぼ同じで、まずは雇用の確保だ。雇用の確保ができた上で、所得が伸びるのが望ましい。それらマクロ環境の整備が一定期間できたら、さらに規制緩和などで産業や企業が発展すればいい。雇用と所得はマクロ経済の分野で、その上にミクロ分野がある。

マスコミの多くは、マクロとミクロの体系を知らないので、しばしば見えやすいミクロのところで経済を判断しがちになる。しかし、ミクロ分野のところでの政府の役割は小さく、基本は民間に任せておいてもよく、政府は民間の活力を引き出すマクロ分野に傾注すべきだ。

日本では以前はこの世界標準の考えが理解されていなかったが、初めて理解したのが安倍政権だった。

マクロ経済の基本は、金融政策と財政政策だ。ところが、この2つを理解するのは難しい。というのは、実施主体である日銀と財務省は、ともにエリートで自尊心の強い官僚組織なので、政治家には手を触れさせまいとしていた。しかも、実務的な知識も必要で、政治家では容易に手がつけられなかった。

安倍氏と筆者の出会いは、2000年初めのゼロ金利解除からで、発端は金融政策だった。

当時筆者は米プリンストン大から留学帰りでベン・バーナンキ氏やポール・クルーグマン氏から最先端の金融政策の知識を得ていたので、金融政策が雇用政策であることを含め、かなり安倍氏と議論させてもらった。実際、マクロ経済からみれば、金融政策は民間雇用の創出になるので、米連邦準備制度理事会（FRB）も雇用と物価の2つの責務を負っているくらいだ。

小泉純一郎政権当時、筆者は「埋蔵金男」といわれ、政府のバランスシート（貸借対照表）に基づき財政を悪化させない財政支出方法を知っていたので、それを実施した。続く第1次安倍政権で筆者は内閣参事官に指名されたが、安倍氏の健康問題で1年しかもたなかった。

第2次政権で満を持してアベノミクス、つまり金融政策、財政政策、成長戦略という世界標準の枠組みを打ち出した。まさに冒頭で述べた通りの経済政策を歴代政権で初めて行った。この結果、雇用はほぼ満点だ。雇用は就業者数増と失業率減で測ることができるが、歴代政権でほぼトップの成績だ。

これだけでも政府の政策として及第点だが、所得の伸びまではいかなかった。というのは、金融政策の実施主体である日銀には踏み込めたが、財政政策の主体である財務省にまでは切り込めなかった。財務省が民主党政権で仕込んだ消費増税は延期したものの、阻止までは安倍氏の政治力でもできなかった。これが所得の伸びにまで至らなかった原因だ。アベノミクスを継続できるかは、財務省をどう扱うかにかかっている。


（2022／09／27）

## アベノミクスの理論的基礎はバーナンキ氏

2022年のノーベル経済学賞に、米連邦準備制度理事会（FRB）元議長のベン・バーナンキ氏、シカゴ大学栄誉教授のダグラス・ダイヤモンド氏、ワシントン大学教授のフィリップ・ディビッグ氏の3人が選ばれた。

バーナンキ氏の受賞理由は、1930年代の大恐慌の原因を探った研究成果、つまり銀行危機が大きな金融危機につながることが、その後のリーマン・ショックやコロナ・パンデミック（世界的大流行）時の政策運営でも生かされたというものだ。ダイヤモンド氏、ディビッグ氏は、社会にとって重要な銀行の危機時の脆弱(ぜいじゃく)性を示したことがバーナンキ氏の大恐慌研究に大いに関係しているとされている。

筆者は、1998〜2001年まで米プリンストン大に客員研究員として留学していた。当時はバーナンキ氏のほか、08年にノーベル経済学賞を受賞するポール・クルーグマン氏、スウェーデン中央銀行副総裁となるラース・スベンソン氏、元FRB副議長のアラン・ブラインダー氏ら世界一流の金融政策の大家が多く在籍していた。毎週のセミナーでは、なぜ日本がデフレなのかなど、興味深い話題を活発に議論していた。

筆者は当時、経済学部長だったバーナンキ氏に公私ともにお世話になった。本書の元になった『夕刊フジ』のコラムは連載して12年がたつが、バーナンキ氏を引用したのは288回にも達している。

バーナンキ氏の研究によると、大恐慌の研究で、金本位制に固執した国では十分な金融緩和策がとれず、デフレが深刻化した。一方、金本位制から早く離脱した国は思い切った金融緩和が可能となり、世界大恐慌から早く抜け出した。

FRB理事時代の03年、バーナンキ氏は名目金利ゼロに直面していた日本経済の再生アドバイスを行い、国民への給付金の支給あるいは企業に対する減税を国債発行で賄い、同時に中央銀行がその国債を買い入れることを提案した。中央銀行が国債を買い入れると通貨が発行されるわけなので、中央銀行と政府のそれぞれの行動を合わせてみれば、中央銀行の発行した通貨が給付金や減税を通じて国民や企業にばらまかれていることになる。これが、いわゆる「ヘリコプターマネー」だ。

米国はバーナンキ氏のおかげでリーマン・ショックもコロナ危機も乗り切れた。しかし、日本では、リーマン・ショック時は日銀が白川方明総裁体制で金融緩和は不十分だった。東日本大震災では民主党政権の復興増税など「悪夢」の連続だった。筆者はバーナンキ氏の提言を日本で実行するように主張したが無駄だった。

第2次安倍晋三・菅義偉政権でやっと「政府・日銀連合軍」ができ、コロナ対策でバーナンキ氏の教えが実行できた。その結果、雇用確保は世界トップの出来だった。アベノミクスの理論的基礎はバーナンキ氏にあるといってもいい。ただし、消費増税は財務省の横やりで、アベノミクスの足を引っ張った。安倍さんが生きていたら、今回のバーナンキ氏の受賞をさぞかし喜んだだろう。

（2022／10／14）

## アベノミクスの10年は合格点

2012年12月に第2次安倍晋三政権が誕生し、政府と日銀が共同声明を発表してから10年が経過した。

アベノミクスの最大の成果は、雇用の確保だ。筆者は安倍元首相と話す機会が多かったが、マクロ経済政策について、最低ラインは雇用の確保、その上に所得が高ければいい、といつも説明した。

そのために財政政策と金融政策を使ってGDPギャップ（総需要と総供給の差）を解消し、インフレを加速しない失業率（NAIRU）を目指すというシンプルなものだった。

筆者の評価基準もシンプルで、雇用の確保ができれば60点、その上に所得の向上があれば40点を追加して100点満点とするものだ。

アベノミクスでいろいろなことを言う人がおり、落第点という人も少なくないが、その評価基準について筆者にはさっぱり分からない。筆者は大学教授をしているが、学生の評価について、百点満点で付ける。その評価基準はどこの大学でも同じであらかじめシラバスで公開しているが、筆者の場合、授業点（出席点）が50点、定期試験が40点、リポート提出点が10点としている。この基準では、万が一、定期試験が０点であっても、まじめに出席し正しいリポートを提出していれば及第点（60点）となる。

さて、アベノミクスを採点すると、安倍政権での雇用は歴代政権で最高である。雇用は失業率低下と就業者数で測れるが、安倍政権は４００万人以上の就業者数増、１・３％の失業率低下だった。こうした点からみれば、雇用は60点満点だ。

所得の観点ではどうか。所得は実質国内総生産（ＧＤＰ）成長率で計るが、同時にインフレ率（名目ＧＤＰと実質ＧＤＰの比であるＧＤＰデフレーター）をみておく。安倍政権は、実質ＧＤＰは０・４％、インフレ率は０・７％であり、高度成長期の歴代政権と比べると見劣りがする。戦後ＧＤＰ統計のある鳩山一郎政権以降の31政権において、第２次安倍政権の実質ＧＤＰ成長率は25位、インフレ率は２％からの乖離（かいり）でみると７位だ。

いずれにしても、戦後政権での安倍政権のＧＤＰパフォーマンスはほぼ中位であるので、40点満点中20点と採点できる。

したがって、安倍政権の評価をすれば、雇用60点、ＧＤＰ20点で、計80点だ。

なお、日本がデフレに陥った１９９５年以降の13政権の中では、安倍政権は実質ＧＤＰ成長率で８番目、インフレ率では１位（安倍政権以外はすべてマイナス）だ。安倍政権は、デフレ経済にあって唯一デフレ脱却しかけた政権だった。

これが、数字から見たアベノミクスの評価である。残された課題はやはり完全にデフレから脱却できなかったことだ。岸田文雄政権のマクロ経済運営では、先日の防衛増税の経緯をみていると、アベノミクスのようにＧＤＰギャップを解消しＮＡＩＲＵを目指すとは思えない。

日銀も、先日の事実上の利上げはアベノミクスとはほど遠い。日銀の新体制も岸田政権が選ぶので心許ない。

（２０２２／12／28）

**髙橋洋一**（たかはし・よういち）

（株）政策工房会長、嘉悦大学教授。1955 年、東京都生まれ。東京大学理学部数学科・経済学部経済学科卒業。博士（政策研究）。80 年、大蔵省（現・財務省）入省。大蔵省理財局資金企画室長、プリンストン大学客員研究員、内閣府参事官（経済財政諮問会議特命室）、内閣参事官（首相官邸）などを歴任。小泉純一郎内閣・第 1 次安倍晋三内閣で経済政策のブレーンとして活躍。菅義偉内閣で内閣官房参与を務めた。『さらば財務省！』（講談社）で第17 回山本七平賞受賞。
著書に『たった1つの図でわかる! 図解経済学入門』（あさ出版）、『マスコミと官僚の小ウソが日本を滅ぼす』『マスコミと官僚の「無知」と「悪意」』（産経新聞出版）など多数。2010 年 1 月から夕刊フジで「『日本』の解き方」を好評連載中。

**反アベノミクスという病**

令和 5 年 4 月 12 日　第 1 刷発行

著　　者　髙橋洋一
発 行 者　皆川豪志
発 行 所　株式会社産経新聞出版
〒 100-8077 東京都千代田区大手町 1-7-2
産経新聞社 8 階
電話　03-3242-9930　FAX　03-3243-0573
発　　売　日本工業新聞社　電話　03-3243-0571（書籍営業）
印刷・製本　株式会社シナノ


ISBN 978-4-8191-1424-0　　C0095